Windows PowerShell 3.0

kurz & gut

Lee Holmes

Deutsche Adaption und Aktualisierung von Rolf Masuch

O'REILLY®

Beijing · Cambridge · Farnham · Köln · Sebastopol · Tokyo

Kommentare und Fragen können Sie gerne an uns richten:
O'Reilly Verlag
Balthasarstr. 81
50670 Köln
E-Mail: kommentar@oreilly.de

1. Auflage 2007
2. Auflage 2011
3. Auflage 2013

Die zugrundeliegende Originalausgabe erschien 2006 unter dem Titel
Windows PowerShell Quick Reference bei O'Reilly Media, Inc.

Bibliografische Information Der Deutschen Bibliothek
Die Deutsche Bibliothek verzeichnet diese Publikation in der
Deutschen Nationalbibliografie; detaillierte bibliografische Daten
sind im Internet über *http://dnb.ddb.de* abrufbar.

Übersetzung und deutsche Bearbeitung der ersten Auflage: Andreas Bildstein
Bearbeitung und Aktualisierung der zweiten und dritten Auflage: Rolf Masuch
Lektorat: Alexandra Follenius & Susanne Gerbert, Köln
Korrektorat: Sibylle Feldmann, Düsseldorf & Eike Nitz, Köln
Satz: Reemers Publishing Services GmbH, Krefeld; www.reemers.de
Umschlaggestaltung: Michael Oreal, Köln
Produktion: Andrea Miß, Köln
Druck: fgb freiburger graphische betriebe; www.fgb.de

ISBN 978-3-95561-055-5

Dieses Buch ist auf 100% chlorfrei gebleichtem Papier gedruckt.

Inhalt

Windows PowerShell 3.0 – kurz & gut

Die Windows PowerShell eröffnet Administratoren der Windows-Plattform ganz neue Möglichkeiten. Mit der innovativen objektbasierten Befehlsshell, der Skriptsprache und den Utilities der PowerShell gehen Ihnen vormals mühselige Aufgaben jetzt mit Leichtigkeit von der Hand.

Ein Großteil dieser Leistungsfähigkeit beruht darauf, dass Sie Zugriff auf leistungsstarke Technologien erhalten: eine einprägsame Skriptsprache, reguläre Ausdrücke, das .NET Framework, Windows Management Instrumentation (WMI), COM, die Windows-Registrierung und Vieles andere.

Für diese Technologien gibt es zwar eigenständige Dokumentationen, diese stehen Ihnen aber häufig nicht sofort und ohne Weiteres zur Verfügung. Um dieses Problem zu lösen, fasst dieses Buch Befehlsshell und Skriptsprache der Windows PowerShell zusammen und bietet gleichzeitig eine übersichtliche Referenz für die wichtigsten Aufgaben. Mit der Version 2.0 wurde die Sprache noch weiter an die Anforderungen der täglichen administrativen Arbeit angepasst. Mit der Version 3.0 wurden die neuen Betriebssysteme Windows 8 und Windows Server 2012 vollständig erschlossen und der Umfang der zur Verfügung stehenden Befehle vervielfacht.

Einleitung

Seit der Veröffentlichung der Windows PowerShell müssen Windows-Administratoren nicht mehr neidisch zu ihren Unix-Kollegen hinüberschielen, wenn diese von der Kommandozeile aus auch komplexe Administrationsaufgaben über ihre Befehlsshell erledigen. Die PowerShell bietet alles, was von einer modernen Shell erwartet wird, und geht dabei noch einen Schritt weiter.

Anders als bei anderen Shells handelt es sich bei den Ergebnissen der einzelnen Befehle der PowerShell nicht um Text, sondern um Objekte, die Methoden und Eigenschaften besitzen. Die PowerShell arbeitet somit vollständig objektorientiert. Die Arbeit mit Objekten bietet gegenüber den herkömmlichen Shells einen entscheidenden Vorteil: Die Ergebnisse müssen nicht mehr mit einem Textparser durchsucht und aufbereitet werden – ein Vorgang, der gerade bei komplexen Ergebnissen fehleranfällig und umständlich ist.

Installation

Wenn Sie Windows 7 oder Windows Server 2008 R2 installiert haben, ist die PowerShell bereits auf Ihrem Rechner. Für die vorherigen Betriebssystemversionen bis Windows XP SP3 und Windows Server 2003 stehen separate Installationspakete über die Microsoft-Downloadseite bereit. Suchen Sie nach dem Artikel KB968930. Das Paket beinhaltet die PowerShell 2.0, aber auch die Komponenten für WinRM, und steht in mehreren Sprachen zur Verfügung.

Fast genauso verhält es sich mit der PowerShell 3.0. Während sie in Windows 8 und Windows Server 2012 bereits enthalten ist, steht für Windows 7 und Windows Server 2008 R2 ein separates Installationspaket zur Verfügung. Hier ist der richtige Artikel KB2506143, der Sie zum Download des Windows Management Framework (WMF) 3.0 führt. Für Windows XP und Windows Server 2003 wird das Paket aber nicht angeboten.

Sollten Sie in Ihrem Firmennetzwerk die Windows Server Update Services (WSUS) eingerichtet haben, können Sie die PowerShell auf diesem Weg auf Ihren Arbeitsplatzsystemen installieren.

TIPP

Achten Sie bei früheren Betriebssystemversionen auf die Installationsvorraussetzung .NET Framework 2.0. Einige Features der PowerShell können auch eine höhere Version benötigen. Und für Windows Server 2008 gilt im Besonderen die Notwendigkeit, zuerst das WMF 2.0 zu installieren, bevor Sie WMF 3.0 installieren können.

Nach der Installation können Sie unter Windows 7 die PowerShell aufrufen, indem Sie zum Beispiel *Start → Ausführen* auswählen und dann `powershell` eingeben. Es öffnet sich, wie in Abbildung 1 gezeigt, ein Konsolenfenster, das auf Ihre Eingaben wartet. Willkommen bei der PowerShell!

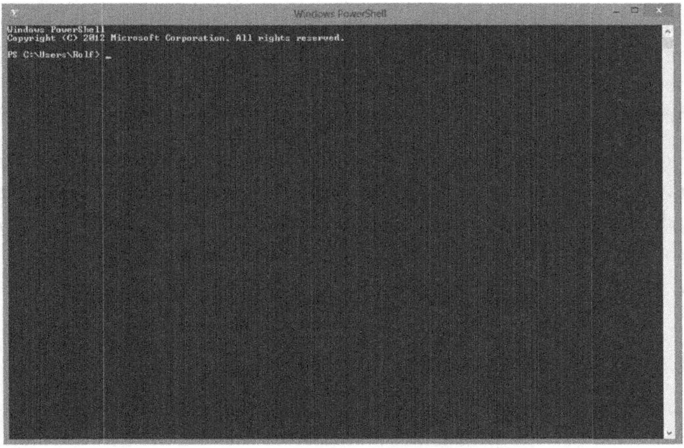

Abbildung 1: Windows PowerShell-Konsolenfenster

Verb-Substantiv-Syntax

Bevor wir unseren ersten Befehl in das gerade geöffnete PowerShell-Fenster eingeben, sollte noch kurz der allgemeine Aufbau der PowerShell-Befehle erläutert werden. In der PowerShell wurde bei der Entwicklung eine Reihe von Befehlen hinterlegt, die *Commandlets* oder kurz *Cmdlets* genannt werden. Diese Cmdlets bestehen in der Regel aus zwei Teilen, einem Verb und einem Substantiv, die durch einen Bindestrich miteinander verbunden sind. Diese Zusammensetzung der Cmdlets aus einer Verb-Substantiv-Syntax mag vielleicht am Anfang etwas ungewohnt sein. Sie werden aber gerade zu Beginn Ihrer Arbeit schnell feststellen, dass diese strikte Syntax Ihnen dabei hilft, sich in die PowerShell und ihre Befehle einzuarbeiten. Eine Übersicht über die in der PowerShell verwendeten Cmdlet-Verben finden Sie im Referenzteil dieses Buchs. Nun aber zu unseren ersten Befehlen.

Die Neuerungen der Windows PowerShell 3.0

Die PowerShell in der neuen Version 3.0 ist bereits auf Ihrem Rechner installiert, wenn Sie Windows 8 oder Windows Server 2012 betreiben. Für vorherige Versionen stehen separate, in verschiedenen Sprachen verfügbare Installationspakete zum Download bereit.

Sie finden diese, indem Sie den Microsoft-Downloadbereich nach »Windows Management Framework 3.0« durchsuchen. Oder Sie gehen über den folgenden Link direkt zum Download: http://www.microsoft.com/en-us/download/details.aspx?id=34595.

Nachfolgend eine Liste der Änderungen in abgekürzter Form.

1. Unterbrochene Sessions

Cmdlets wie *Disconnect-PSSession*, *Connect-PSSession* und *Receive-PSSession* sowie zusätzliche Parameter bei den bisherigen Cmdlets, die Sessions verwalten, ermöglichen es, Sessions zu trennen und sich wieder zu ihnen zu verbinden.

2. Windows PowerShell Workflow

In XML oder mit PowerShell geschriebene Workflows öffnen die Möglichkeiten der Windows Workflow Foundation für die Automatisierung mit der PowerShell.

3. Windows PowerShell Web Access

Eine webbasierte Konsole, mit der Sie über Ihren Browser und ein entsprechend konfiguriertes Web Access Gateway Zugriff auf die dahinter konfigurierten Systeme haben, und das mit genau den Sicherheitseinstellungen, die Sie festlegen.

4. Scheduled Jobs

Die Background Jobs der PowerShell und die Scheduled Jobs des Betriebssystems wachsen zusammen. *Start-Job*, *Get-Job*, *Stop-Job*, *Receive-Job* und *Remove-Jobs* sind die Cmdlets, die Sie dazu benötigen.

5. Verbesserungen von Module Auto-Loading und Cmdlet Discovery

Ohne den Import eines Moduls können Sie aus der umfangreichen Liste von Modulen und den darin enthaltenen Cmdlets genau die benötigten herausfiltern. Zusätzlich haben Sie mit der Variablen `$PSModuleAutoLoadingPreference` das Laufzeitverhalten dieser neuen Funktion im Zugriff.

6. Get-ChildItem-Attribute und rekursive Suche

Auch im Kleinen sind Veränderungen vorgenommen worden, z.B. die neue Möglichkeit, in der Suche nach Dateien mit `Get-ChildItem` auch die Attribute zu berücksichtigen oder mit dem neuen Feature des Schalters `-Recurse`, der jetzt auch dann rekursiv arbeitet, wenn das zu findende Objekt kein Ordner ist.

7. Netzwerklaufwerke verbinden

Eine weiter Änderung auf niedriger Ebene mit großer Wirkung! *New-PSDrive* zum Verbinden von Netzwerklaufwerken unterstützt jetzt das dauerhafte Verbinden, und diese Verbindung ist auch noch im File Explorer nutzbar.

8. Erweiterung von Typen ohne Types.ps1xml-Dateien

Neue Möglichkeiten zur Erweiterung der Typen, und das sogar dynamisch innerhalb der aktuellen Session mit den Cmdlets *Update-TypeData*, *Get-TypeData* und *Remove-TypeData*.

9. Vereinfachte Syntax für Where-Object und ForEach-Object

Ohne kursive Klammern und ohne Symbole kann jetzt mit der vereinfachten Syntax z.B. anstelle von `Get-Process | ? {$_.Handles -gt 500}` einfach das Konstrukt `Get-Process | Where Handles -gt 500` verwendet werden. Oder anstelle von `"Hello", "World" | % {$_.PadRight(10,"-")}` kann `"Hello", "World" | ForEach-Object PadRight 10 "-"` verwendet werden. Natürlich funktionieren die Alias-Definitionen von *ForEach-Object* und *Where-Object* weiterhin.

10. Aktualisierbare Hilfe

Um die Zeit zu verkürzen, die es ggf. dauert, um Aktualisierungen der PowerShell-Hilfe auf Ihre Systeme zu bringen, stehen Ihnen jetzt die Cmdlets *Update-Help* und *Save-Help* zur Seite.

11. Verbesserte Onlinehilfe

In Verbindung mit der aktualisierbaren Hilfe wurde auch die Bereitstellung der Onlinehilfe verbessert. Jeder Aufruf von `Get-Help` kann über den Schalter `-online` in Ihrem Standardbrowser geöffnet werden, selbst wenn das entsprechende Cmdlet gar nicht auf Ihrem Rechner installiert ist.

12. Konfigurationsdateien für Sessions

Mit den neuen Cmdlets *New-PSSessionConfigurationFile*, *Register-PSSessionConfigurationFile* und *Set-PSSessionConfigurationFile* können Sie angepasste Endpunket z.B. für die Verwendung ihrer PowerShell Web Access-Systeme bereitstellen. Damit definieren Sie den genauen Umfang der zur Verfügung stehenden Befehle oder weitere Session-spezifische Parameter.

13. Windows PowerShell Remoting in öffentlichen Netzen

Bei der Einrichtung der Remoting-Konfiguration sowohl mit `Enable-PSRemoting` als auch mit `Set-WSManQuickConfig` können Sie nun mit dem Schalter `-SkipNetworkProfileCheck` die Verwendung von Remoting in öffentlichen Netzen zulassen. Damit wird eine zusätzliche Regel in Ihrer Windows-Firewall angelegt.

14. Certificate Provider Support für Webhosting

Im gesamten Bereich der Zertifikatsverwaltung sowie dem Provider dafür sind umfangreiche Änderungen vorgenommen worden. Neue dynamische Parameter, Möglichkeiten für ScriptProperties sowie das gesamte Verwalten von Zertifikaten im Store stehen Ihnen ab jetzt zur Verfügung.

15. Show-Command

Mit *Show-Command* steht Ihnen ein neues Cmdlet zur Verfügung, um noch leichter in die Sprache einzusteigen. Sowohl auf der Kommandozeile, von der aus es ein separates Fenster öffnet, als auch in der ISE können Sie jetzt jedes Cmdlet zusammen mit seinen Schaltern und Parametern interaktiv »ausfüllen«, um es danach direkt ausführen zu lassen oder es in die Zwischenablage zu kopieren, um es später in einem Skript verwenden zu können.

16. Web-Cmdlets

Vier neue Cmdlets zur direkten Verwendung mit Webdiensten, um JSON, REST oder andere Webanfragen zu generieren oder ihre Ergebnisse zu konsumieren. Ebenso können Sie die unterschiedlichen Ergebnisse mit diesen Cmdlets in andere Objekttypen umwandeln.

17. Neue Windows PowerShell ISE-Funktionen

Intellisense, auf- und zuklappbare Bereiche und eine zusammengefasste Konsole für Eingabe und Ausgabe sind die hervorstechendsten Merkmale des neuen Editors neben dem neuen Bereich in der rechten Seite des ISE-Fensters, in dem Show-Command seine Heimat gefunden hat. Etwas versteckt, aber trotzdem erwähnenswert ist die Möglichkeit, die sehr beliebten Codeschnipsel (»Snippets«) zu verwalten.

Sollten Sie sich vorab intensiv über die Neuerungen der Version informieren wollen, ist das Studium der »WMF 3 Release Notes« zu empfehlen. Hier finden Sie auch die gezielte Gegenüberstellung der Änderungen und Informationen dazu, wie sie sich in den beiden Versionen verhalten.

Sollten Sie eine Zusammenfassung der Neuerungen nach der Installation bevorzugen, steht Ihnen über `Get-Help about_Windows_PowerShell_3.0` die mitgelieferte Hilfe zur Verfügung.

Das Hilfesystem

Die PowerShell ist mit einem umfangreichen Hilfesystem ausgestattet. Das Cmdlet *`Get-Help`* liefert für alle installierten Komponenten, Cmdlets, Provider, Funktionen und Skripten sowie zum Integrated Scripting Environment (ISE) entsprechende Informationen.

Neben der Möglichkeit, mit `Get-Help *` eine Liste aller auf dem Rechner installierten Hilfeelemente angezeigt zu bekommen, kann durch die Angabe des entsprechenden Cmdlet die individuelle Hilfe dazu angezeigt werden. Durch unterschiedliche Parameter kann auf einzelne Abschnitte der Hilfe zugegriffen werden. Da die Hilfe die Wildcardsuche unterstützt, kann bereits mit Teilen von Suchbegriffen erfolgreich auf die Hilfe zugegriffen werden.

Die grundsätzliche Syntax zur Nutzung der Hilfe liefert *`Get-Help`* gleich selbst, wenn Sie `Get-Help Get-Help` aufrufen. Das Ergebnis sieht folgendermaßen aus:

```
Get-Help [-Full] [[-Name] <string>] [-Category <string[]>]
[-Component <string[]>] [-Functionality <string[]>] [-Online]
[-Path <string>] [-Role <string[]>] [<CommonParameters>]

Get-Help [-Detailed] [[-Name] <string>] [-Category <string[]>]
[-Component <string[]>] [-Functionality <string[]>] [-Online]
[-Path <string>] [-Role <string[]>] [<CommonParameters>]

Get-Help [-Examples] [[-Name] <string>] [-Category <string[]>]
[-Component <string[]>] [-Functionality <string[]>] [-Online]
[-Path <string>] [-Role <string[]>] [<CommonParameters>]

Get-Help [-Parameter <string>] [[-Name] <string>] [-Category
<string[]>] [-Component <string[]>] [-Functionality <string[]>]
[-Online] [-Path <string>] [-Role <string[]>]
[<CommonParameters>]
```

Neu bei der PowerShell 2.0 ist die Möglichkeit, selbst aus der Kommandozeile heraus auf die ggf. aktualisierte Hilfe im Internet zuzugreifen. Dieser Weg steht Ihnen über den Parameter `-online` zur Verfügung.

Falls Sie Windows 7 oder Windows Server 2008 R2 nutzen, können Sie eine Verknüpfung mit der PowerShell zur Taskleiste hinzufügen. Über das Kontextmenü dieser Verknüpfung können Sie auf die grafische Version der Hilfe in Form einer CHM-Datei zugreifen.

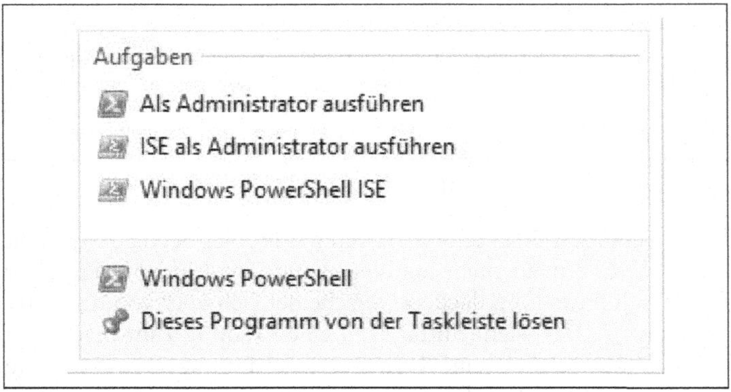

Abbildung 2: Windows-7-Kontextmenü der Verknüpfung

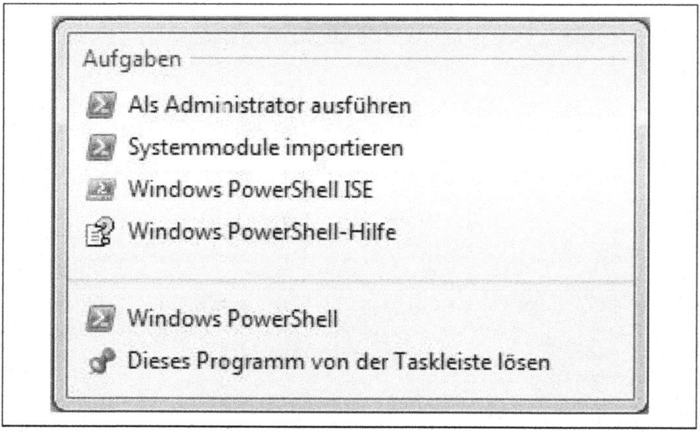

Abbildung 3: Windows-8-Kontextmenü der Verknüpfung

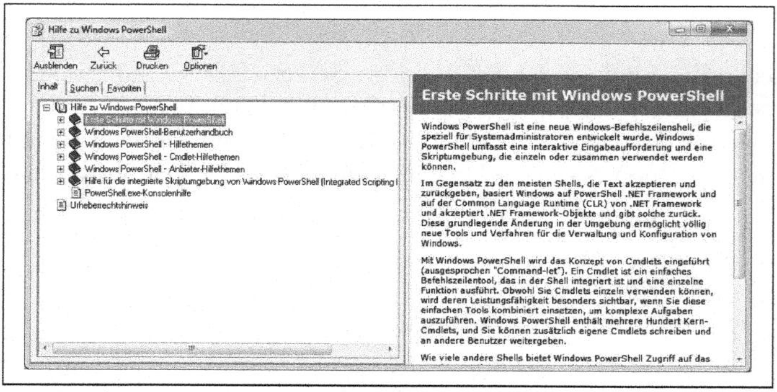

Abbildung 4: CHM-Version der Hilfe

Unter Windows 8 R2 und auch unter Windows Server 2012 steht dieser Eintrag nicht mehr zur Verfügung. Die Einrichtung in der neuen Windows-Oberfläche unterscheidet sich aber von der unter Windows 7. Der Menüeintrag, um einen Eintrag zum Startmenü hinzuzufügen, erzeugt eine Kachel, und der Eintrag »Zur Taskleiste hinzufügen« hinterlegt die Verknüpfung in der Taskleiste des Desktop.

Abbildung 5: Verknüpfung mit der PowerShell

Aktualisierbare Hilfe

Die größte Neuerung der PowerShell 3.0 ist die Möglichkeit, die installierte Hilfe zu aktualisieren. Das entsprechende Cmdlet ist *Update-Help*. Starten Sie dazu die PowerShell als Administrator. Stellen Sie dabei sicher, dass Ihr Rechner mit dem Internet verbunden ist. Sollten Sie die Aktualisierung mehrfach durchführen wollen, müssen Sie den zusätzlichen Schalter `-force` verwenden. Obwohl *Update-Help* den Parameter `-UICulture` anbietet, steht noch nicht für jede Sprache ein entsprechendes Paket zum Download zur Verfügung. Wenn Sie die Hilfe für ein einzelnes Modul aktualisieren möchten, verwenden Sie den Parameter `-Module`.

Falls Ihr Rechner nicht mit dem Internet verbunden ist, können Sie an einem anderen Rechner mit dem Cmdlet *Save-Help* die Hilfedateien herunterladen und z.B. mit einem USB-Stick auf den gewünschten Rechner übertragen. Dort ist wieder *Update-Help* anzuwenden, diesmal mit dem Parameter `-SourcePath`, um die Aktualisierung einzuspielen.

Die PowerShell als Sprache

Cmdlets

Die einzelnen Elemente der Skriptsprache PowerShell sind die sogenannten *Cmdlets* (sprich: Kommandlets). Sie sind mit den einzelnen Befehlen vergleichbar, die in anderen Skriptsprachen oder auch in DOS genutzt werden, um einzelnen Aufgaben für Sie auszuführen. Unter DOS wurden sie »interne und externe Befehle« genannt. In der PowerShell erfolgte die Implementierung der Cmdlets aber als spezialisierte .NET-Klassen, die zur Laufzeit innerhalb der PowerShell instanziiert und aufgerufen werden. Der grundsätzliche Aufbau der Cmdlets wurde ja bereits im Abschnitt *Verb-Substantiv-Syntax* auf Seite 4 erläutert.

Je nach Zweck des jeweiligen Cmdlet hat es einen oder mehrere Parameter. Diese Parameter modifizieren die Wirkungsweise des Cmdlet. So gibt der Aufruf `Get-ChildItem` ohne Parameter alle Dateien und Ordner des aktuellen Verzeichnisses zurück. Wird zusätzlich der Parameter `-Filter *.xml` angegeben, werden nur XML-Dateien angezeigt.

Eine besondere Form der Parameter sind *Schalter*. Ihre Aufgabe ist, Funktionen der Cmdlets zu aktivieren oder zu deaktivieren. Im vorherigen Beispiel kann unter Verwendung des Schalters `-Recurse` die Suche auf die Unterordner ausgedehnt werden. Schalter funktionieren also durch Hinzufügen oder Weglassen. Sie wirken allein durch ihre Anwesenheit im Aufruf.

Parameter können namentlich angegeben werden und werden zusätzlich mit ihrem Wert ausgewertet. Wenn der Aufruf über den

Namen erfolgt, ist es der PowerShell egal, an welcher Stelle sie nach dem Cmdlet angegeben werden. Weiterhin können Sie den Parameternamen auch abkürzen. Er kann bis zu einem einzelnen Buchstaben abgekürzt werden, solange er eindeutig innerhalb der Parameter des Cmdlet angesprochen werden kann. In dem Beispiel mit `Get-ChildItem` können sie `-Filter` maximal bis auf `-Fi` abkürzen, da es nur einen weiteren mit dem Buchstaben F beginnenden Parameter gibt, nämlich `-Force`.

Die PowerShell kann auch ohne Angabe des Parameternamens, also allein durch eine Reihe von Werten, eine Zuordnung vornehmen. Dieser sog. *positionale Ansatz* erwartet die Angaben in einer festgelegten Reihenfolge. Wenn diese Reihenfolge eingehalten wird, ordnet die PowerShell die übergebenen Werte den Parametern nach ihrer Position zu.

Welche Parameter das jeweilige Cmdlet hat und in welcher Reihenfolge diese genutzt werden können, erfahren Sie über die Hilfe zum Cmdlet durch den Aufruf `Get-Help <Cmdlet> -Parameter *`.

Cmdlets arbeiten mit Objekten, sie bekommen diese also entweder übergeben und verarbeiten sie weiter oder sie geben als Ergebnis ihrer Arbeit Objekte an andere Cmdlets weiter. Dabei wird jedes Objekt individuell verarbeitet. Die Mächtigkeit der Sprache und dieser Implementierungsart kommt im Speziellen bei der Arbeit in der Pipeline zum Tragen.

Cmdlets sind also die einzelnen Werkzeuge im Werkzeugkoffer des Administrators. Eine Liste ausgewählter Cmdlets finden Sie im Anhang. Je nach installierter Rolle oder zusätzlichen Serverprodukten wird die Liste der zur Verfügung stehenden Cmdlets deutlich länger werden.

TIPP

Erzeugen Sie eine Liste der Cmdlets mit dem folgenden Befehl:

```
Get-Command -Module Microsoft.PowerShell* -CommandType
Cmdlet | % {Get-Help $_.name -Category Cmdlet} | ft name,
synopsis -AutoSize | Out-File C:\Foo\CmdletSynopsis.txt.
```

Provider

In der PowerShell stellen Ihnen die Provider den Zugriff auf Daten sicher. Dabei wird zwischen Daten in hierarchischer und Daten in tabellarischer Struktur unterschieden. Die Provider für den Zugriff auf hierarchische Daten sind das Dateisystem, die Registry, der Zertifikatsspeicher und WSMan. Für den Zugriff auf tabellarische Daten stehen die Provider Alias, Environment, Function und Variable zur Verfügung. Eine Liste der installierten Provider bekommen Sie mit dem Cmdlet *Get-PSProvider*. Das Ergebnis sollte unter Windows 7 ungefähr so aussehen:

```
Name        Capabilities                      Drives
----        ------------
WSMan       Credentials                       {WSMan}
Alias       ShouldProcess                     {Alias}
Environment ShouldProcess                     {Env}
FileSystem  Filter, ShouldProcess             {C, D, E, Y...}
Function    ShouldProcess                     {Function}
Registry    ShouldProcess, Transactions       {HKLM, HKCU}
Variable    ShouldProcess                     {Variable}
Certificate ShouldProcess                     {cert}
```

Die Liste kann je nach installierter Software auf Ihrem Rechner anders ausfallen. Windows 8 blendet z.B. in der Standardinstallation nicht alle Provider ein. Mit einem kleinen Trick, dem Aufruf des Cmdlet *Get-PSDrive*, gelingt es aber doch, die Liste der Provider sichtbar zu machen.

Alle Provider haben ein gemeinsames Navigationsparadigma. Es beginnt damit, dass Sie über die Provider Laufwerke verbinden und mit dem aus dem Dateisystem bekannten Befehl `CD <Laufwerk>:` auf das jeweilige Laufwerk wechseln können. Vergessen Sie dabei bitte den Doppelpunkt nicht. Den Namen des Laufwerks können Sie der Spalte »Drives« in der obigen Tabelle entnehmen. Sie können sich über das Cmdlet *Get-PSDrive* auch eine ausführliche Liste anzeigen lassen. Wie im Dateisystem können Sie dann bei den hierarchischen Providern mit dem Befehl CD zwischen den einzelnen Elementen vor- und zurücknavigieren. Dabei ist `CD` nur ein Alias für das Cmdlet *Set-Location*.

Sie können mit dem Cmdlet *New-PSDrive* auch weitere Laufwerke unter Angabe des zukünftigen Namens, des Providers sowie der zu verwendenden Root verbinden. Das anzugebende Verzeichnis für Root muss dazu bereits existieren und kann auch eine Netzwerkfreigabe sein.

Das folgende Beispiel zeigt einen derartigen Aufruf:

```
New-PsDrive -Name MyPSFolder-PsProvider FileSystem -Root C:\PS
```

Speziell für dieses Cmdlet ist in der PowerShell 3.0 der neue Schalter `-Persist` zum dauerhaften Verbinden des Laufwerks interessant. `-Persist` funktioniert nur mit freigegebenen Netzwerkordnern. Damit ist die Lücke zu `Net use` geschlossen, mit dem bislang Netzwerklaufwerke einfach und dauerhaft verbunden werden konnten. Sofern Sie nicht in einem anderen Security-Context arbeiten, wird das Laufwerk auch im Windows Explorer angezeigt und bleibt verbunden, auch wenn die PowerShell-Session geschlossen wird.

Der neue Aufruf sieht dann so aus:

```
New-PsDrive -Name E -PsProvider FileSystem -Root \\PSOreilly\PS
-Persist
```

Neben der Bereitstellung von Laufwerken und dem damit verbundenen Zugriff auf die darin enthaltenen Daten stellen die einzelnen Provider ggf. auch spezielle Cmdlets für die Arbeit mit genau diesen Daten bereit. Diese Cmdlets können dann natürlich nicht für die Arbeit mit anderen Daten, genauer gesagt: Objekten, verwendet werden. Als ein Beispiel sei das Cmdlet *Get-PfxCertificate* genannt. Es kann nur zum Abruf von Informationen über PFX-Zertifikatsdateien genutzt werden. Im Dateisystem können Sie dieses Cmdlet nicht sinnvoll nutzen.

Die Pipeline

Die Pipeline ist eines der grundlegendsten Elemente der PowerShell. Über den Pipeline-Operator »|« werden Objekte zwischen Cmdlets übergeben. Die Ausgabe des ersten Cmdlet wird also zur Eingabe des zweiten Cmdlet. Dabei kann es sich um ein einzelnes

Objekt oder um eine Vielzahl von Objekten handeln. Genau dieses Prinzip unterscheidet jetzt die PowerShell von anderen Shells wie man sie ggf. von Unix her kennt. Während dort auf der Basis von Text Informationen aus einem Verarbeitungsschritt über die Pipeline an den nächsten Befehl übergeben werden, sind es bei der PowerShell eben Objekte auf der Basis des .NET-Frameworks. Eine komplexere Analyse des übergebenen Textes unter eventueller Berücksichtigung nationaler Zeichensätze kann somit entfallen. Sogar die Konstruktion eigener Objekte ist möglich.

```
Get-Process | Where-Object {$_.handles -gt 500}|sort-object
handles|format-table name,handles
```

Das Prinzip des Förderbandes wird häufig genutzt, um die Arbeitsweise der Pipeline zu verdeutlichen. Bei dem obigen Beispiel wird zuerst eine Liste der aktuellen Prozesse ermittelt. Diese Objekte werden jetzt über die Pipeline an das nächste Cmdlet *Where-Object* übergeben. Dieses hat einen Skriptblock `{...}`, der ihm angibt, nach welchen Kriterien es die Objekte zu behandeln hat. Dieser »Filter« analysiert jedes der übergebenen Objekte auf die Eigenschaft *Handles* und darauf, ob der Wert über 500 liegt. Die Objekte, auf die das zutrifft, werden ihrerseits wieder über die Pipeline an das nächste Cmdlet übergeben. Das Cmdlet *Sort-Object* sammelt jetzt alle verbleibenden Objekte ein und sortiert sie anhand der Eigenschaft *Handles*. Diese fertige Liste wird jetzt an *Format-Table*, das letzte Cmdlet der Pipeline, übergeben, das dann die Namen der Prozesse zusammen mit der Information *Handles* ausgibt.

Dabei wird schnell klar, dass das Cmdlet *Where-Object* die Objekte sofort nach der Übergabe analysieren und weitergeben kann, während *Sort-Object* erst alle Objekte übergeben bekommen muss, um eine nach Namen sortierte Liste ausgeben zu können.

Wenn Sie die Arbeitsweise der Pipeline jetzt näher betrachten, können Sie feststellen, dass Sie sehr leicht Leistungssteigerungen in Ihre eigenen Skripten einbauen können. Da sich letztendlich alles im Arbeitsspeicher abspielt, ist es natürlich effektiver, bereits beim ersten Cmdlet einen Filter zu verwenden, um gleich die Anzahl der zu verarbeitenden Objekte gering zu halten, anstatt z.B. erst alle

Dateien und Ordner auszugeben, um danach durch ein zweites Cmdlet die XML-Dateien herauszufiltern. Ein entsprechendes Beispiel finden sie im Abschnitt *Cmdlets* auf Seite 12.

TIPP

Vermeiden Sie es, mitten in Ihren Arbeitsschritten das Cmdlet *Sort-Object* zu verwenden, weil die Verarbeitung der einzelnen Objekte dadurch verzögert wird.

Erweiterungsmöglichkeiten

Bereits in der Version 1 der PowerShell konnten Erweiterungen in der Form von Snap-ins hinzu gefügt werden. Mit der Version 2 sind diese Möglichkeiten durch die Module noch stärker ausgebaut worden.

Snap-ins

Die PowerShell bietet die Möglichkeit, Erweiterungen über Snap-ins zu laden. Der Umfang der Erweiterung richtet sich nach dem, was der Hersteller in sein Softwarepaket integriert hat. Es können einzelne Cmdlets, aber auch eine ganze Sammlung von Cmdlets und ein eigener Provider sein.

Um neue Snap-ins auf dem eigenen Rechner verwenden zu können, ist normalerweise zuerst eine eigene Installationsroutine des Softwareherstellers zu durchlaufen. Durch diese werden die entsprechenden Libraries, die in Form von DLLs vorliegen, auf dem Rechner registriert. Dazu werden in der Regel administrative Rechte benötigt.

Um die Analogie der Cmdlets als einzelne Werkzeuge weiter auszubauen: Wir ergänzen die Werkstatt durch die Installation weiterer Snap-ins um ein ganzes Regal. Noch können die Werkzeuge jedoch nicht eingesetzt werden. Sie müssen in einem weiteren Schritt der PowerShell bekannt und zugänglich gemacht werden. Dazu stehen Ihnen einige speziell diesem Zweck dienende Cmdlets zur Verfügung. Sie können sie sich mit dem Befehl Get-Command *-pssnap* anzeigen lassen. Das Ergebnis sollte folgendermaßen aussehen:

```
CommandType  NameDefinition
-----------  ----          ----------
Cmdlet       Add-PSSnapin Add-PSSnapin [-Name] <String[]>
[-PassThru] [-Ve...
Cmdlet       Get-PSSnapin Get-PSSnapin [[-Name] <String[]>]
[-Registered] ...
Cmdlet       Remove-PSSnapin  Remove-PSSnapin [-Name]
<String[]> [-PassThru] [...
```

Jedes der Cmdlets erwartet, einen Namen übergeben zu bekommen. Sie können sich die Liste der zur Verfügung stehenden Snap-ins mit dem Befehl Get-PSSnapin -Registered anzeigen lassen. Hier schließt sich schon der Kreis zu den obigen Erläuterungen. Nur wenn eine Installation die entsprechenden Dateien auf dem System installiert und registriert hat, wird sie durch den eben genannten Befehl angezeigt. Die Namen der Snap-ins unterliegen der Nomenklatur des entsprechenden Herstellers und können unter Umständen sehr lang sein oder sogar mehrere Punkte enthalten.

Nachdem Sie den Namen der installierten Erweiterung ermittelt haben, können Sie für Ihre aktuelle Sitzung (Ihre im Moment offene Shell) mit dem Cmdlet *Add-PSSnapin* unter Angabe des Namens die zusätzlichen Cmdlets einbinden. Mit dem Cmdlet *Remove-PSSnapin* können Sie sie aus der aktuellen Sitzung entfernen.

Um die Erweiterung wieder von Ihrem System zu entfernen, müssen Sie, wiederum mit administrativen Rechten, die Deinstallation der entsprechenden Software über die Installationsroutine des entsprechenden Herstellers durchführen.

Module

Mit der Version 2.0 der PowerShell wurde das Prinzip der *Module* eingeführt. Module können, wie Snap-ins, einzelne Cmdlets, ganze Sammlungen von Cmdlets oder sogar einen eigenen Provider enthalten, aber auch Funktionen, eigene Typdefinitionen bzw. andere Erweiterungen. Die entsprechende Dokumentation sollte dazu Hinweise und eine Anleitung enthalten.

Anders als Snap-ins müssen Module nicht auf dem Weg einer Installation auf dem Rechner bereitgestellt werden, sondern können durch einfaches Kopieren in den entsprechenden Modulordner verteilt werden. Dazu werden nur teilweise administrative Rechte benötigt.

Auf Ihrem System können Sie den Pfad zu den einzelnen Modulordnern aus einer Umgebungsvariablen auslesen. Das geschieht durch Eingabe des Befehls $env:PSModulePath. Das Ergebnis sollte folgendermaßen aussehen:

```
C:\Users\<Benutzername>\Documents\WindowsPowerShell\Modules;C:\
Windows\system32\WindowsPowerShell\v1.0\Modules\
```

Diese Variable enthält die Pfade zum persönlichen Modulordner des angemeldeten Benutzers sowie zum systemübergreifenden Modulordner innerhalb der Windows-Ordnerstruktur. Lassen Sie sich dabei durch den Ordnernamen *v1.0* nicht irritieren. Dieser wurde aus Kompatibilitätsgründen beibehalten.

Wenn Sie ein Modul nur für den angemeldeten Benutzer bereitstellen wollen, reicht es aus, den gesamten neuen Modulordner in dessen persönlichen Modulpfad zu kopieren. Module für alle Benutzer sollten Sie in den Windows-Pfad hineinkopieren. Dazu benötigen Sie administrative Rechte.

Dieser Schritt entspricht der Installation der herstellerspezifischen Software bei Snap-ins.

Für die Nutzung der auf diesem Wege bereitgestellten Module stehen Ihnen eigene Cmdlets, vergleichbar mit den Cmdlets der Snap-ins, zur Verfügung. Sie bekommen sie mit dem Befehl get-command *-module * aufgelistet.

```
CommandType  Name                 Definition
-----------  ----                 ----------
Cmdlet       Export-ModuleMember  Export-ModuleMember
                                  [[-Function] <String[]>]
                                  [-C...
Cmdlet       Get-Module           Get-Module [[-Name]
                                  <String[]>] [-All]
                                  [-Verbose...
Cmdlet       Import-Module        Import-Module [-Name]
                                  <String[]> [-Global] [-Pre...
```

```
Cmdlet      New-Module              New-Module [-ScriptBlock]
                                    <ScriptBlock> [-Functi...
Cmdlet      New-ModuleManifest      New-ModuleManifest [-Path]
                                    <String> -NestedModul...
Cmdlet      Remove-Module           Remove-Module [-Name]
                                    <String[]> [-Force] [-Verb...
Cmdlet      Test-ModuleManifest     Test-ModuleManifest [-Path]
                                    <String> [-Verbose] ...
```

Wie schon bei den Snap-ins können Sie nun zur Laufzeit Ihrer Session dynamisch Module laden. Dazu dient das Cmdlet *Import-Module*. Es benötigt einen Modulnamen, um funktionieren zu können. Sie können diesen mithilfe des weiteren Cmdlet *Get-Module* und seinem Parameter `-ListAvailable` angezeigt bekommen. Natürlich ist das dynamische Entladen von Modulen auch sehr einfach über das Cmdlet *Remove-Module* möglich.

Eine ausdrückliche Deinstallation von Modulen gibt es nicht. Hier reicht es, den entsprechenden Modulordner einfach aus dem Dateisystem zu löschen.

Mit dem Cmdlet *Get-Module* können Sie leicht überprüfen, welche Module bereits geladen sind. Gerade bei Skripten mit Abhängigkeiten zu diesen Modulen sollten Sie diese Überprüfung durchführen. Sollte Ihnen der einfache Aufruf von *Get-Module* kein Ergebnis zurückliefern, ist in der aktuellen Session kein Modul geladen. Für Ihre Skripten bietet es sich deshalb an, die folgende Überprüfung zu nutzen. Dabei wird davon ausgegangen, dass das Modul auf dem Rechner verfügbar ist.

```
If (!(Get-Module -Name MyModule)) then {Import-Module MyModule}
```

Module in der Version 3.0

Die Version 3.0 der PowerShell verändert das Ladeverhalten von Modulen grundlegend. Alle in den Modulpfaden enthaltenen Module werden automatisch geladen, sobald eines der Cmdlets verwendet wird. Dadurch entfällt die Notwendigkeit, sich zu merken, in welchem Modul welche Cmdlets enthalten sind. Sollten Sie das Cmdlet *Get-Command* mit dem * als Platzhalter nutzen, z.B. Get-Command *disk*, wird im sog. *Discovery-Modus* gearbeitet.

Dabei werden die Module nur nach passenden Cmdlets durchsucht, aber nicht geladen.

Über die Variable `$PSModuleAutoloadingPreference` können Sie das Ladeverhalten von Modulen steuern. Mehr zu Modulen finden Sie in der Hilfe zu den Modulen: **Get-help about_modules**.

TIPP

Achten Sie bei der Verwendung von Snap-ins und Modulen darauf, Ihre aktuelle Session nicht zu stark durch zu ladende Komponenten im Start und während der Laufzeit zu verlangsamen. Lassen Sie das eine oder andere Werkzeug so lange im Regal, bis Sie es auch wirklich benötigen.

Allgemeine Anpassungsmöglichkeiten

Wenn Sie Ihre tägliche Arbeit noch effektiver gestalten möchten, bietet Ihnen die PowerShell eine Reihe von Möglichkeiten, mit denen Sie sie individuell an Ihre Bedürfnisse anpassen können. In den folgenden Abschnitten erfahren Sie unter anderem, wie Sie das Konsolenfenster der PowerShell konfigurieren und effektiv einsetzen, wie Sie sich ein eigenes Profil einrichten, das bei jedem Start der PowerShell automatisch geladen wird, und wie Sie die Eingabeaufforderung an Ihren Bedürfnissen ausrichten.

Konsoleneinstellungen

Die Benutzerschnittstelle der Windows PowerShell bietet mehrere Funktionen, durch die Ihre Arbeit mit der Shell noch effizienter werden kann.

Passen Sie die Fenstergröße an

Gehen Sie in das Systemmenü (klicken Sie dazu auf das PowerShell-Icon in der oberen linken Ecke des Konsolenfensters) und wählen Sie hier *Eigenschaften* und dann *Layout*. Mit den Optionen zur Fenstergröße können Sie die tatsächliche Fenstergröße steuern, und mit den Optionen zur Fensterpuffergröße steuern Sie die Größe des virtuellen Fensters (»Fensterpuffer«). Wenn die Fensterpuffergröße größer als die tatsächliche Fenstergröße ist, ändert sich das Konsolenfenster und besitzt dann Scrollbalken. Erhöhen Sie die virtuelle Fensterhöhe für das Zurückscrollen, damit die PowerShell mehr Ausgaben aus Ihrer Sitzung zwischenspeichert. Wenn Sie die PowerShell aus dem Startmenü heraus aufrufen, startet sie bereits mit einigen Anpassungen an der Fenstergröße.

Gestalten Sie die Markierung von Text etwas einfacher

Klicken Sie im Systemmenü auf *Eigenschaften* und dann auf *Optionen*. Wählen Sie dann *QuickEdit-Modus* aus. Mit dem QuickEdit-Modus können Sie in Ihrer PowerShell-Konsole Text einfach und komfortabel mit der Maus per Cut-and-Paste bearbeiten. Wenn Sie die PowerShell aus dem Startmenü heraus aufrufen, startet sie bereits mit aktiviertem QuickEdit-Modus.

Verwenden Sie Hotkeys, um die Shell effizienter einzusetzen

Die Konsole der Windows PowerShell unterstützt viele Hotkeys (siehe Tabelle 1), die Ihnen zu einem effizienteren Einsatz der Konsole verhelfen.

Tabelle 1: Windows PowerShell-Hotkeys

Hotkey	Bedeutung
Windows-Taste + r und dann `powershell` eingeben	Startet die Windows PowerShell.
Pfeil nach oben	Durchsucht Ihre Befehls-History rückwärts.
Pfeil nach unten	Durchsucht Ihre Befehls-History vorwärts.
Bildlauf nach oben	Zeigt den ersten Befehl in Ihrer Befehls-History an.
Bildlauf nach unten	Zeigt den letzten Befehl in Ihrer Befehls-History an.
Pfeil nach links	Bewegt den Cursor auf Ihrer Befehlszeile um ein Zeichen nach links.
Pfeil nach rechts	Bewegt den Cursor auf Ihrer Befehlszeile um ein Zeichen nach rechts.

Tabelle 1: Windows PowerShell-Hotkeys (Fortsetzung)

Hotkey	Bedeutung
Pos 1	Bewegt den Cursor an den Anfang der Befehlszeile.
Ende	Bewegt den Cursor an das Ende der Befehlszeile.
Strg + Pfeil nach links	Bewegt den Cursor auf Ihrer Kommandozeile um ein Wort nach links.
Strg + Pfeil nach rechts	Bewegt den Cursor auf Ihrer Kommandozeile um ein Wort nach rechts.
Alt + Leertaste, b, b*	Scrollt durch den Fensterpuffer.
Alt + Leertaste, b, s*	Sucht im Fensterpuffer nach Text.
Alt + Leertaste, b, m*	Markiert Text, der aus dem Fensterpuffer herauskopiert werden soll.
Alt + Leertaste, b, e*	Kopiert Inhalte aus der Zwischenablage in die Konsole der Windows PowerShell.
Alt + Leertaste, s*	Schließt die Konsole der Windows PowerShell.
Strg + c	Bricht die momentane Operation ab.
Strg + Pause	Schließt das Fenster der Windows PowerShell mit einer Meldung.
F2	Erstellt aus einem Teil Ihrer letzten Befehlszeile eine neue Befehlszeile. Die Windows PowerShell kopiert Ihre letzte Befehlszeile bis zu dem von Ihnen eingegebenen Zeichen und stellt daraus Ihren neuen Befehl zusammen.
F3	Erstellt aus dem gesamten Inhalt Ihrer letzten Befehlszeile eine neue Befehlszeile.
F4	Entfernt Zeichen aus Ihrer aktuellen Befehlszeile. Ausgehend von Ihrer Cursor-Position löscht die Windows PowerShell alle Zeichen bis zu (aber nicht inklusive) dem von Ihnen angegebenen Zeichen.
F5	Durchsucht Ihre Befehls-History rückwärts.
F7	Interaktive Auswahl eines Befehls aus Ihrer Befehls-History. Scrollen Sie mit den Pfeiltasten durch das sich öffnende Fenster. Drücken Sie die Enter-Taste, um den Befehl auszuführen, oder legen Sie mit der Pfeil-nach-rechts-Taste den Text auf Ihrer Befehlszeile ab.
F8	Durchsucht Ihre Befehlszeile rückwärts und berücksichtigt dabei nur diejenigen Befehle, die mit dem Text übereinstimmen, den Sie bereits auf der Kommandozeile eingegeben haben.
F9	Ruft einen Befehl mit einer bestimmten Nummer aus Ihrer Befehls-History auf. Die Nummern dieser Befehle entsprechen den Nummern, die das Auswahlfenster für die Befehls-History (F7) anzeigt.
Alt + F7	Löscht die Liste mit der Befehls-History.

TIPP

Die hier aufgeführten Hotkeys sind zwar schon an sich hilfreich, könnten aber auch noch nützlicher werden, wenn Sie sie mithilfe eines Hotkey-Programms, beispielsweise des frei verfügbaren AutoHotkey (*http://www.autohotkey.com*), auf kürzere oder eingängigere Hotkeys abbilden.

Profile

Die Windows PowerShell führt beim Start automatisch vier Skripten aus (siehe Tabelle 2). Mit jedem dieser Skripten können Sie, sofern es denn vorhanden ist, Ihre Ausführungsumgebung anpassen. Alles, was Sie in diesen Dateien angeben, führt die PowerShell so aus, als hätten Sie es manuell auf der Befehlszeile eingegeben.

Tabelle 2: Windows PowerShell-Profile

Profilverwendung	Speicherort des Profils
Anpassung aller PowerShell-Sitzungen inklusive aller Anwendungen, die auf die PowerShell zugreifen, für alle Benutzer auf dem System	*<Installationsverzeichnis>\profile.ps1*
Anpassung der *PowerShell.exe*-Sitzungen für alle Benutzer auf dem System	*<Installationsverzeichnis>\ Microsoft.PowerShell_profile.ps1*
Anpassung aller PowerShell-Sitzungen inklusive aller Anwendungen, die auf die PowerShell zugreifen	*<Eigene Dateien>\WindowsPowerShell\ profile.ps1*
Typische Anpassungen für die *PowerShell.exe*-Sitzungen	*<Eigene Dateien>\WindowsPowerShell\ Microsoft.PowerShell_profile.ps1*

TIPP

Die PowerShell vereinfacht Ihnen die Bearbeitung Ihres Profilskripts, wenn Sie die automatische Variable `$profile` festlegen.

Geben Sie zur Erstellung eines neuen Profils Folgendes ein:

```
New-Item -type file -force $profile
```

Wenn Sie dieses Profil bearbeiten möchten, geben Sie Folgendes ein:

```
Notepad $profile
```

Weitere Informationen zum Schreiben von Skripten finden Sie im Abschnitt *Skripten schreiben, Funktionalität wiederverwenden* auf Seite 69.

Eingabeaufforderung

Wenn Sie Ihre Eingabeaufforderung (Prompt) anpassen möchten, erweitern Sie Ihr Profil um eine *Prompt*-Funktion. Diese Funktion liefert eine Zeichenkette zurück, zum Beispiel so:

```
function prompt
{
    "PS [$($env:COMPUTERNAME)] >"
}
```

Tabulator-Vervollständigung

Sie können eine TabExpansion-Funktion festlegen, mit der Sie die Art und Weise anpassen, auf die die Windows PowerShell Eigenschaften, Variablen, Parameter und Dateien vervollständigt, wenn Sie die Tabulatortaste drücken.

Ihre TabExpansion-Funktion überschreibt jedoch diejenige, die die PowerShell standardmäßig festlegt, daher möchten Sie wahrscheinlich deren Festlegungen als Ausgangspunkt heranziehen:

```
Get-Content function:\TabExpansion
```

Diese Funktion nimmt als Argument die gesamte Befehlszeile entgegen sowie das letzte Wort der Befehlszeile. Wenn die Funktion eine oder mehrere Zeichenketten zurückliefert, durchläuft die PowerShell diese Zeichenketten während der Tabulator-Vervollständigung. Ansonsten verwendet die PowerShell ihre eingebaute Logik zur Vervollständigung von Dateinamen mithilfe der Tabulatortaste.

Ausführungsrichtlinien

Grundsätzlich gilt die Definition, dass Dateien mit der Dateiendung *.ps1* nur mit einem Texteditor geöffnet werden. Das hat nichts mit den Ausführungsrichtlinien zu tun, auch wenn das oft irrtümlich angenommen wird. Die Ausführungsrichtlinien beziehen sich darauf, ob Skripten überhaupt ausgeführt werden oder eben nicht, bzw., wenn sie ausgeführt werden, ob sie dann digital signiert sein müssen.

Bereits bei der Installation der PowerShell werden diese Richtlinien hinterlegt. Dabei ist ausdrücklich die Verarbeitung einer Skriptdatei adressiert. Wenn Sie identische Befehle, vorausgesetzt, sie erfordern keine höheren Rechte, in der eigentlichen PowerShell eintippen, werden diese dort ausgeführt.

Es wird auch der Ursprungsort der Skriptdatei betrachtet. Die PowerShell unterscheidet hier zwischen den Orten »lokal« und »remote«, also ob die Datei auf Ihrem Rechner gespeichert ist oder auf einem Netzwerklaufwerk gestartet wurde. Ein Doppelklick auf eine PowerShell-Skriptdatei wird also mehrfach kontrolliert, bevor das Skript auf Ihrem Rechner ausgeführt wird.

Die Cmdlets zur Arbeit mit der Ausführungsrichtlinie sind *Get-ExecutionPolicy* und *Set-ExecutionPolicy*. Der einfache Aufruf von *Get-ExecutionPolicy* liefert Ihnen die Einstellung für die aktuelle Session zurück.

Aber selbst wenn Sie die Richtlinie auf den Wert `unrestricted` setzen, kann es je nach Art Ihres Skripts immer noch zu einer Fehlermeldung kommen, die besagt, dass die lokale Richtlinie die Ausführung von Skripten untersagt. Der Grund dafür liegt in der Granularität der Richtlinie, den sog. *Scopes*. Seit der Version 2.0 ist der Parameter `-List` verfügbar, der sehr viel genauer die vorgenommenen Einstellungen für die einzelnen Scopes zeigt. Die Scopes definieren sich so, wie es in der folgenden Tabelle beschrieben ist.

Tabelle 3: Bereiche der Ausführungsrichtlinie

Scope	Definition
Process	Die Ausführungsrichtlinie, die für den aktuellen Windows PowerShell-Prozess festgelegt wurde
CurrentUser	Die Ausführungsrichtlinie, die für den aktuellen Benutzer festgelegt wurde
LocalMachine	Die Ausführungsrichtlinie, die für alle Benutzer des Computers festgelegt wurde
UserPolicy	Die von einer Gruppenrichtlinie für den aktuellen Benutzer des Computers festgelegte Ausführungsrichtlinie
MachinePolicy	Die von einer Gruppenrichtlinie für alle Benutzer des Computers festgelegte Ausführungsrichtlinie

Mit dem Cmdlet *Set-ExecutionPolicy* können Sie nur genau auf den richtigen Scope zugeschnitten die Richtlinie setzen, wie sie Ihre Skripte benötigen. Zum Setzen von Ausführungsrichtlinien benötigen Sie administrative Rechte. Diese Änderung wirkt dauerhaft.

Alternativ zum manuellen Setzen dieser Richtlinie stehen Ihnen noch die Gruppenrichtlinien der Domäne zur Verfügung. Für Windows-2003-Domänen wird dazu eine separate administrative Vorlage benötigt. Diese kann im Microsoft-Downloadbereich über den Begriff »Administrative Templates for Windows PowerShell« gefunden werden.

Abhängig vom Betriebssystem nehmen Sie die Einstellung an unterschiedlichen Stellen vor:

Für Windows XP und Windows Server 2003 gehen Sie zu

Administrative Templates\Windows Components\Windows PowerShell.

Für Windows Vista und spätere Versionen von Windows gehen Sie zu

Administrative Templates\Classic Administrative Templates\Windows Components\Windows PowerShell.

Ab Windows Server 2012 finden Sie die Richtlinie sowohl für den Benutzer als auch für Computer im jeweiligen Ast unter *Administrative Templates\Windows Components\Windows PowerShell.*

Unabhängig von den Einstellungen, die innerhalb der entsprechenden Session gültig sind, können Sie die zu verwendende Richtlinie gleich beim Start der PowerShell mit übergeben.

```
powershell -executionPolicy RemoteSigned
```

Spätestens damit ist offensichtlich, dass diese Richtlinie nicht zum absoluten Schutz gedacht oder gar geeignet ist.

Befehle und Ausdrücke

Die PowerShell bricht jede von Ihnen eingegebene Zeile in ihre einzelnen Bestandteile (*Token*) auf und interpretiert dabei die einzelnen Token auf eine von zwei Möglichkeiten, entweder als Befehl oder als Ausdruck. Dabei handelt es sich um einen feinen Unterschied: Ausdrücke unterstützen eine Logik sowie Anweisungen für die Ablaufsteuerung (beispielsweise `if`, `foreach` und `throw`), während Befehle das nicht tun.

Häufig werden Sie die Art, wie die Windows PowerShell Ihre Anweisungen interpretiert, überschreiben wollen. Tabelle 4 führt die Möglichkeiten auf, die Ihnen dafür zur Verfügung stehen.

Tabelle 4: Auswertungssteuerung unter der Windows PowerShell

Anweisung	Beispiel	Erklärung
Vorrangssteuerung: ()	`5 * (1 + 2)` `(dir).Count`	Erzwingt die Auswertung eines Befehls oder eines Ausdrucks auf eine ähnliche Weise, wie auch Klammern eingesetzt werden, um einen mathematischen Ausdruck in einer bestimmten Reihenfolge auszuwerten.

Tabelle 4: Auswertungssteuerung unter der Windows PowerShell (Forts.)

Anweisung	Beispiel	Erklärung

Auswertung eines untergeordneten Ausdrucks (Subparse):
 	
`$()`
	`PS >"Die Antwort lautet (2+2)"`
	`Die Antwort lautet (2+2)`
	
	`PS >"Die Antwort lautet $(2+2)"`
	`Die Antwort lautet 4`
	
	`PS >$value = 10`
	`PS >$result = $(`
	`>>    if($value -gt 0) { $true }`
	`        else { $false }`
	`>> )`
	`>>`
	`PS >$result`
	`True`
		Erzwingt die Auswertung eines Befehls oder eines Ausdrucks auf eine ähnliche Weise, wie auch Klammern eingesetzt werden, um einen mathematischen Ausdruck in einer bestimmten Reihenfolge auszuwerten.
		Ein untergeordneter Ausdruck (Subparse) ist jedoch ebenso leistungsfähig wie ein Unterprogramm, wird aber nur dann benötigt, wenn er eine Ablauflogik und Anweisungen für die Ablaufsteuerung beinhaltet.
		Diese Anweisung wird auch für die Erweiterung dynamischer Informationen innerhalb einer Zeichenkette eingesetzt.

Listenauswertung:
 	
`@()`
	`PS >"Hallo".Length`
	`5`
	`PS >@("Hallo").Length`
	`1`
		Bewirkt, dass ein Ausdruck als Liste ausgewertet wird. Wenn es sich bei dem Ausdruck bereits um eine Liste handelt, bleibt er eine Liste. Wenn nicht, behandelt ihn die PowerShell vorübergehend als eine solche.

Kommentare

Wenn Sie einen einzeiligen Kommentar eingeben möchten, beginnen Sie diese Zeile mit dem Zeichen #. Die Windows PowerShell unterstützt zwar keine mehrzeiligen Kommentare, es ist aber möglich, größere Bereiche Ihres Skripts zu deaktivieren, indem Sie diesen Bereich in einen *Here-String* setzen:

```
# Dies ist ein normaler Kommentar.

# Anfang des Here-String
$null = @"
function MyTest
{
    "Das hier sollte nicht für eine Funktion gehalten werden."
}
```

```
$myVariable = 10;
"@
# Ende des Here-String

# Das hier ist wieder ein normaler Skriptbereich.
```

TIPP

Sehen Sie sich den Abschnitt *Strings* auf Seite 32 an, um mehr über *Here-Strings* zu erfahren.

Variablen

Die Windows PowerShell bietet Ihnen mehrere Möglichkeiten, mit denen Sie Variablen festlegen und auf diese zugreifen können. Diese Möglichkeiten werden in Tabelle 5 zusammengefasst:

Tabelle 5: Windows PowerShell-Variablensyntax

Syntax	Bedeutung
`$einfacheVariable = "Wert"`	Ein einfacher Variablenname. Der Variablenname muss aus alphanumerischen Zeichen bestehen. Bei den Variablennamen wird nicht zwischen Groß- und Kleinschreibung unterschieden.
`${beliebige!@#@#`{Var`}iable} = "Wert"`	Ein beliebiger Variablenname. Der Variablenname muss in geschweiften Klammern stehen, darf aber beliebige Zeichen enthalten. Geschweifte Klammern innerhalb des Variablennamens müssen mit einem Backtick (`) maskiert werden.
`${c:\Dateiname.Erweiterung}`	Variable in der »Get and Set Content«-Syntax. Diese Syntax entspricht der Syntax bei den willkürlichen Variablennamen. Wenn der Name einem gültigen PowerShell-Pfad entspricht, können Sie sich den Inhalt des Elements an diesem Speicherort holen oder ihn setzen, indem Sie die Variable auslesen oder beschreiben.

Tabelle 5: Windows PowerShell-Variablensyntax (Fortsetzung)

Syntax	Bedeutung
`[Datentyp] $Variable = "Wert"`	Streng typisierte Variable. Stellt sicher, dass die Variable nur Daten des von Ihnen festgelegten Typs enthalten kann. Die PowerShell gibt einen Fehler aus, wenn sie bei Ihrer Zuweisung die Daten nicht in diesen Typ zwängen kann.
`$Geltungsbereich:Variable`	Holt oder setzt die Variable in diesem speziellen Geltungsbereich (Scope). Zulässige Namen für den Geltungsbereich sind `global` (um eine Variable der gesamten Shell zur Verfügung zu stellen), `script` (um eine Variable nur dem aktuellen Skript zur Verfügung zu stellen), `local` (um eine Variable nur dem aktuellen Geltungsbereich und den untergeordneten Geltungsbereichen zur Verfügung zu stellen) und `private` (um eine Variable nur dem aktuellen Geltungsbereich zur Verfügung zu stellen).

HINWEIS

Anders als einige andere Sprachen rundet die PowerShell Zahlen (anstatt sie abzuschneiden), wenn sie sie in den Datentyp `[int]` umwandelt:

```
PS >(3/2)
1,5
PS >[int] (3/2)
2
```

Boolesche Werte

Boolesche Variablen (true und false) werden meistens mit ihren literalen Werten von `$true` und `$false` initialisiert. Wenn die PowerShell diese jedoch als Teil eines Booleschen Ausdrucks auswertet (also innerhalb einer `if`-Anweisung), bildet sie die Ergebnisse in einer passenden Booleschen Darstellung ab (siehe Tabelle 6).

Tabelle 6: Boolesche Interpretation der Windows PowerShell

Ergebnis	Boolesche Darstellung
`$true`	True
`$false`	False
`$null`	False
Zahl, die nicht null ist	True
null	False
Zeichenkette, die nicht leer ist	True
leere Zeichenkette	False
Array, das nicht leer ist	True
leeres Array	False
Hash-Tabelle (entweder leer oder nicht)	True

Strings

Die Windows PowerShell bietet mehrere Verfahren für die Arbeit mit Daten im Klartext.

Literale und sich erweiternde Zeichenketten

Wenn Sie eine literale Zeichenkette (eine Zeichenkette, in der keine Variable oder Escape-Erweiterung vorkommt) festlegen möchten, umgeben Sie diese Zeichenkette mit einfachen Anführungszeichen:

```
$myString = 'hello `t $ENV:SystemRoot'
```

`$myString` erhält den eigentlichen Wert von `hello `t $ENV:SystemRoot`.

Möchten Sie eine sich erweiternde Zeichenkette (eine Zeichenkette, in der Variablen und Escape-Erweiterungen vorkommen) festlegen, umgeben Sie die Zeichenkette mit doppelten Anführungszeichen:

```
$myString = "hello `t $ENV:SystemRoot"
```

`$myString` erhält jetzt einen Wert, der Folgendem entspricht:

```
hello        C:\WINDOWS
```

Wollen Sie in eine Zeichenkette mit einfachen Anführungszeichen ein einfaches Anführungszeichen oder in eine Zeichenkette mit doppelten Anführungszeichen ein doppeltes Anführungszeichen einfügen, dann können Sie zwei dieser Zeichen hintereinander einfügen:

```
PS >"Hallo ""da""!"
Hallo "da"!
PS >'Hallo ''da''!'
Hallo 'da'!
```

TIPP

Für die Einbindung eines komplexen Ausdrucks innerhalb einer sich erweiternden Zeichenkette sollten Sie einen Unterausdruck verwenden, zum Beispiel so:

```
$prompt = "$(get-location) >"
```

`$prompt` erhält hier einen Wert wie `c:\temp >`.

Der Zugriff auf die Eigenschaften eines Objekts gilt als komplexer Ausdruck:

```
$output = "Aktueller Skriptname lautet:
$($myInvocation.MyCommand.Path)"
```

`$output` erhält einen Wert wie `Aktueller Skriptname lautet: c:\Testskript.ps1`.

Here-Strings

Bei der Festlegung eines *Here-String* (einer Zeichenkette, die über mehrere Zeilen gehen kann) platzieren Sie die beiden Zeichen @" am Anfang und die beiden Zeichen "@ in einer eigenen Zeile am Ende der Zeichenkette, zum Beispiel so:

```
$myHereString = @"
Dieser Text kann über mehrere Zeilen gehen und kann
"Anführungszeichen" enthalten.
"@
```

Here-Strings können entweder literale oder sich erweiternde Zeichenketten sein.

Escape-Sequenzen

Die Windows PowerShell unterstützt innerhalb von Zeichenketten die in Tabelle 7 aufgeführten Escape-Sequenzen.

Tabelle 7: Escape-Sequenzen der Windows PowerShell

Sequenz	Bedeutung
`0	Das Zeichen Null
`a	Das Alarm-Zeichen. Erzeugt bei der Anzeige auf der Konsole einen Piepton.
`b	Das Backspace-Zeichen. Das vorangegangene Zeichen bleibt zwar in der Zeichenkette, wird aber bei der Anzeige auf der Konsole *überschrieben*.
`f	Ein Seitenvorschub. Erzeugt bei den meisten Druckern beim Ausdruck einen Seitenumbruch.
`n	Ein Zeilenvorschub
`r	Eine Zeilenumschaltung. Neue Zeilen werden in der PowerShell vollständig über das Zeichen `n festgelegt, deshalb wird dieses Zeichen selten benötigt.
`t	Ein Tabulator
`v	Ein vertikaler Tabulator
'' (zwei einfache Anführungszeichen)	Ein einzelnes Anführungszeichen, wenn es in einer literalen Zeichenkette vorkommt.
"" (zwei doppelte Anführungszeichen)	Ein doppeltes Anführungszeichen, wenn es in einer sich erweiternden Zeichenkette vorkommt.
`*<ein beliebiges weiteres Zeichen>*	Dieses *Zeichen* als Literal.

Zahlen

Die PowerShell bietet mehrere Möglichkeiten für den Umgang mit Zahlen und numerischen Daten.

Einfache Zuweisung

Für die Definition einer Variablen, die numerische Daten enthält, weisen Sie diesen Wert einfach genau so zu, wie Sie es auch bei anderen Variablen machen würden. Die PowerShell speichert Ihre

Daten automatisch in einem Format ab, das ausreichend ist, um diese Daten richtig vorzuhalten.

```
$myInt = 10
```

`$myInt` erhält den Wert 10 als (32-Bit-)Integer.

```
$myDouble = 3.14
```

`$myDouble` erhält den Wert 3,14 als Double (53 Bit, 9 Bit Genauigkeit).

Um einen Wert explizit als Long Integer (64 Bit) oder als Dezimal (96 Bit, 96 Bit Genauigkeit) zuzuweisen, setzen Sie die Suffixe `Long` und `Dezimal` ein:

```
$myLong = 0.999L
```

`$myLong` erhält den Wert 1 als Long Integer.

```
$myDecimal = 0.999D
```

`$myDecimal` erhält den Wert 0,999.

Die PowerShell unterstützt auch die Exponentialschreibweise:

```
$myPi = 3141592653e-9
```

`$myPi` erhält 3,141592653.

Die Datentypen der PowerShell (Integer, Long Integer, Double und Dezimal) bauen auf den .NET-Datentypen der gleichen Namen auf.

Administrative numerische Konstanten

Da Computeradministratoren nur selten Gelegenheit haben, mit Zahlen zu arbeiten, die geraden Zehnerpotenzen entsprechen, bietet die PowerShell die numerischen Konstanten `gb`, `mb` und `kb` an, um Gigabyte, Megabyte beziehungsweise Kilobyte darstellen zu können:

```
$downloadTime = (1gb + 250mb) / 120kb
```

Hexadezimal- und andere Zahlensysteme

Wenn Sie eine hexadezimale Zahl direkt eingeben möchten, verwenden Sie das Präfix `0x` für hexadezimale Zahlen:

```
$myErrorCode = 0xFE4A
```

`$myErrorCode` erhält den Integer-Wert 65098.

Die Skriptsprache der PowerShell unterstützt keine weiteren Zahlensysteme nativ. Die Unterstützung der Zusammenarbeit mit dem .NET Framework ermöglicht allerdings eine Umwandlung nach und von binär, oktal, dezimal und hexadezimal:

```
$myBinary = [Convert]::ToInt32("101101010101", 2)
```

`$myBinary` erhält den Integer-Wert 2901.

```
$myOctal = [Convert]::ToInt32("1234567", 8)
```

`$myOctal` erhält den Integer-Wert 342391.

```
$myHexString = [Convert]::ToString(65098, 16)
```

`$myHexString` erhält den String-Wert »fe4a«.

```
$myBinaryString = [Convert]::ToString(12345, 2)
```

`$myBinaryString` erhält den String-Wert »11000000111001«.

HINWEIS

Sehen Sie sich den Abschnitt *Mit dem .NET Framework arbeiten* auf Seite 60 an, wenn Sie mehr darüber erfahren möchten, wie Sie bei der Arbeit mit der PowerShell mit dem .NET Framework zusammenarbeiten können.

Arrays und Listen

Mit Arrays können Sie Daten im Speicher eines Rechners so ablegen, dass Sie auf diese Daten mithilfe eines Index zugreifen können. Im Standard-Array greifen Sie auf diese Daten über einen numerischen Index zu, während Sie bei einem assoziativen Array über einen sogenannten *Schlüssel* darauf zugreifen. Die folgenden Abschnitte zeigen Ihnen, wie Sie unter der PowerShell mit Arrays und Listen arbeiten können.

Array-Definitionen

PowerShell-Arrays enthalten Listen von Daten. Wenn Sie ein Array festlegen, verwenden Sie ein Komma, um damit die Elemente voneinander zu trennen:

```
$mySimpleArray = 1,"Zwei",3.14
```

Arrays können optional auch nur ein einzelnes Element lang sein:

```
$myWord = "Hallo"
```

`$myWord.Length` zeigt eine Länge von 5.

```
$myList = ,"Hallo"
```

`$myList.Length` zeigt eine Länge von 1.

Die Elemente müssen nicht alle vom selben Datentyp sein, es sei denn, Sie deklarieren das Array als streng typisiertes Array. Die äußeren eckigen Klammern definieren eine streng typisierte Variable (wie bereits im Abschnitt *Variablen* auf Seite 30 erwähnt), und `'int[]'` (als Beispiel) repräsentiert ein Array mit Integer-Werten:

```
[int[]] $myArray = 1,2,3.14
```

In diesem Modus gibt die PowerShell eine Fehlermeldung aus, wenn sie irgendein Element aus Ihrer Liste nicht in den erforderlichen Datentyp umwandeln kann.

TIPP

Um sicherzustellen, dass die PowerShell Auflistungen unbestimmter Länge (beispielsweise History-Listen oder Verzeichnis-Listings) als Liste behandelt, setzen Sie die Syntax für die Listenauswertung `@(…)` ein, die im Abschnitt *Befehle und Ausdrücke* auf Seite 28 beschrieben wird.

Arrays können auch mehrdimensional sein – Arrays innerhalb von Arrays:

```
$multiDimensional = @(
        (1,2,3,4),
        (5,6,7,8)
    )
```

`$multiDimensional[0][1]` liefert 2 zurück, was von Zeile 0, Spalte 1 stammt.

`$multiDimensional[1][3]` liefert 8 zurück, was aus Zeile 1, Spalte 3 stammt.

Array-Zugriff

Für den Zugriff auf ein bestimmtes Element in einem Array verwenden Sie den Operator `[]`. Die PowerShell nummeriert Ihr Array ausgehend von null durch:

`$myArray[0]`
: Liefert das erste Element im Array zurück.

`$myArray[2]`
: Liefert das dritte Element im Array zurück.

`$myArray[-1]`
: Liefert das letzte Element im Array zurück.

`$myArray[-2]`
: Liefert das vorletzte Element im Array zurück.

Sie können auch auf Bereiche von Elementen in Ihrem Array zugreifen:

`$myArray[0..2]`
: Liefert die Elemente 0 bis 2 zurück, jeweils einschließlich.

`$myArray[-1..2]`
: Liefert das letzte Element zurück, springt nach vorn und liefert dann die Elemente 0 bis einschließlich 2 zurück. Die PowerShell springt nach vorn, da die zweite Zahl im Bereich positiv ist.

$myArray[-1..-3]

Liefert das letzte Element bis zum drittletzten Element des Arrays in absteigender Reihenfolge zurück. Die PowerShell geht von hinten nach vorn durch, da die zweite Zahl im Bereich negativ ist.

Array-Aufteilung

Sie können mehrere der oben angeführten Anweisungen miteinander kombinieren, um dadurch komplexere Bereiche aus einem Array zu extrahieren. Verwenden Sie dabei für die Abtrennung expliziter Indizes aus den Array-Bereichen das Zeichen +:

$myArray[0,2,4]

Liefert die Elemente 0, 2 und 4 zurück.

$myArray[0,2+4..6]

Liefert die Elemente 0 und 2 sowie 4 bis einschließlich 6 zurück.

$myArray[,0+2..3+0,0]

Liefert die Elemente 0 und 2 bis einschließlich 3, 0 und noch einmal 0 zurück.

TIPP

Sie können mit der Syntax zur Aufteilung von Arrays auch Arrays erstellen:

```
$myArray = ,0+2..3+0,0
```

Wird Ihnen in der PowerShell 3.0 von einem Befehl nur ein Objekt in ihre Variable zurückgegeben, können Sie, anders als unter der Version 2.0, trotzdem auf das eine Element mit der Array-Notation `$myArray[0]` zugreifen.

Hash-Tabellen (assoziative Arrays)

Im Gegensatz zu den oben beschriebenen Standard-Arrays greifen Sie bei assoziativen Arrays, auch Hash-Tabellen genannt, nicht mit einem numerischen Index auf die Werte Ihrer Datenliste zu, sondern mit einem sogenannten Schlüssel. Im diesem Abschnitt erfahren Sie, wie Sie unter der PowerShell mit Hash-Tabellen arbeiten können.

Hash-Tabellendefinitionen

Mit PowerShell-*Hash-Tabellen* (auch *assoziative Arrays* genannt) können Sie Schlüssel mit Werten verknüpfen. Verwenden Sie für die Definition von Hash-Tabellen die folgende Syntax:

```
$myHashtable = @{}
```

Sie können eine Hash-Tabelle bei deren Erstellung mit ihren Schlüssel/Wert-Paaren initialisieren. Die PowerShell geht davon aus, dass die Schlüssel Zeichenketten sind, die Werte können allerdings beliebigen Datentyps sein.

```
$myHashtable = @{ Schluessel1 = "Wert1";
                  "Schluessel2" = 1,2,3 }
```

Zugriff auf Hash-Tabellen

Für den Zugriff bzw. die Bearbeitung eines bestimmten Elements in einem assoziativen Array können Sie die Syntax entweder für den Array-Zugriff oder für den Eigenschaftenzugriff einsetzen:

```
$myHashtable["Schluessel1"]
```

Liefert `"Wert1"` zurück.

```
$myHashtable."Schluessel2"
```

Liefert das Array `1,2,3` zurück.

```
$myHashtable["Neues Element"] = 5
```

Fügt in die Hash-Tabelle `"Neues Element"` ein.

XML

Die PowerShell unterstützt XML als nativen Datentyp. Wenn Sie eine XML-Variable erstellen möchten, wandeln Sie eine Zeichenkette in den Datentyp `[xml]` um:

```
$myXml = [xml] @"
<AddressBook>
   <Person contactType="Personal">
      <Name>Lee</Name>
      <Phone type="home">555-1212</Phone>
      <Phone type="work">555-1213</Phone>
   </Person>
   <Person contactType="Business">
      <Name>Ariel</Name>
      <Phone>555-1234</Phone>
   </Person>
</AddressBook>
"@
```

Die PowerShell stellt alle Child-Knoten und Attribute als Eigenschaften dar, wobei Kinder, die sich den gleichen Knotentyp teilen, automatisch gruppiert werden:

```
$myXml.AddressBook
```

Liefert ein Objekt zurück, das eine Eigenschaft `Person` enthält.

```
$myXml.AddressBook.Person
```

Liefert eine Liste mit `Person`-Knoten zurück. Jeder `Person`-Knoten stellt `'contactType'`, `Name` und `Phone` als Eigenschaften dar.

```
$myXml.AddressBook.Person[0]
```

Liefert den ersten `Person`-Knoten zurück.

```
$myXml.AddressBook.Person[0].ContactType
```

Liefert `Personal` als Kontaktart des ersten `Person`-Knotens zurück.

TIPP

Der Datentyp `XML` umfasst die .NET-Klassen `XmlDocument` und `XmlElement`. Anders als die meisten anderen PowerShell-.NET-Wrapper stellt dieser Wrapper nicht die Eigenschaften der darunterliegenden Klasse dar, da sie eventuell in Konflikt mit den dynamischen Eigenschaften stehen, die die PowerShell für die Namen der Knoten hinzufügt.

Wenn Sie auf die Eigenschaften der darunterliegenden Klasse zugreifen möchten, verwenden Sie die Eigenschaft `PsBase`, beispielsweise so:

```
$myXml.PsBase.InnerXml
```

Sehen Sie sich den Abschnitt *Mit dem .NET Framework arbeiten* auf Seite 60 an, wenn Sie mehr darüber erfahren möchten, wie Sie bei der Arbeit mit der PowerShell mit dem .NET Framework zusammenarbeiten können.

Einfache Operatoren

Haben Sie erst einmal Ihre Daten definiert, wollen Sie im nächsten Schritt natürlich auch damit arbeiten.

Arithmetische Operatoren

Mit arithmetischen Operatoren (siehe Tabelle 8) können Sie auf Ihren Daten mathematische Operationen durchführen.

Tabelle 8: Arithmetische Operatoren der Windows PowerShell

Operator	Bedeutung
+	Der Additionsoperator: *$linkerWert + $rechterWert* • Wenn er im Zusammenhang mit Zahlen eingesetzt wird, liefert er deren Summe zurück. • Wenn er im Zusammenhang mit Zeichenketten eingesetzt wird, liefert er eine neue Zeichenkette zurück, die durch das Anfügen der zweiten Zeichenkette an die erste erstellt wurde. • Wenn er im Zusammenhang mit Arrays eingesetzt wird, liefert er ein neues Array zurück, das durch das Anfügen des zweiten Arrays an das erste erstellt wurde. • Wenn er im Zusammenhang mit Hash-Tabellen eingesetzt wird, liefert er eine neue Hash-Tabelle zurück, die durch das Zusammenfassen beider Hash-Tabellen erstellt wurde. • Wenn er im Zusammenhang mit einem anderen Typ eingesetzt wird, verwendet die PowerShell den Additionsoperator (`op_Addition`) dieses Typs, wenn bei diesem Typ ein solcher implementiert ist.

Tabelle 8: Arithmetische Operatoren der Windows PowerShell (Fortsetzung)

Operator	Bedeutung
–	Der Subtraktionsoperator: *$linkerWert – $rechterWert* • Wenn er im Zusammenhang mit Zahlen eingesetzt wird, liefert er deren Differenz zurück. • Dieser Operator gilt nicht für Zeichenketten. • Dieser Operator gilt nicht für Arrays. • Dieser Operator gilt nicht für Hash-Tabellen. • Wenn er im Zusammenhang mit einem anderen Typ eingesetzt wird, verwendet die PowerShell den Subtraktionsoperator (`op_Subtraction`) dieses Typs, wenn bei diesem Typ ein solcher implementiert ist.
*	Der Multiplikationsoperator: *$linkerWert * $rechterWert* • Wenn er im Zusammenhang mit Zahlen eingesetzt wird, liefert er deren Produkt zurück. • Wenn er im Zusammenhang mit Zeichenketten eingesetzt wird (`"Test" * 5`), liefert er eine neue Zeichenkette zurück, die sich daraus zusammensetzt, dass die Zeichenkette so oft an sich selbst angefügt wird, wie Sie es angegeben haben. • Wenn er im Zusammenhang mit Arrays eingesetzt wird (`1..3 * 7`), liefert er ein neues Array zurück, das sich daraus zusammensetzt, dass das Array so oft an sich selbst angefügt wird, wie Sie es angegeben haben. • Dieser Operator gilt nicht für Hash-Tabellen. • Wenn er im Zusammenhang mit einem anderenTyp eingesetzt wird, verwendet die PowerShell den Multiplikationsoperator (`op_Multiply`) dieses Typs, wenn bei diesem Typ ein solcher implementiert ist.
/	Der Divisionsoperator: *$linkerWert / $rechterWert* • Wenn er im Zusammenhang mit Zahlen eingesetzt wird, liefert er deren Quotienten zurück (in Form von Gleitkommazahlen). • Dieser Operator gilt nicht für Zeichenketten. • Dieser Operator gilt nicht für Arrays. • Dieser Operator gilt nicht für Hash-Tabellen. • Wenn er im Zusammenhang mit einem anderen Typ eingesetzt wird, verwendet die PowerShell den Divisionsoperator (`op_Division`) dieses Typs, wenn bei diesem Typ ein solcher implementiert ist.

Tabelle 8: Arithmetische Operatoren der Windows PowerShell (Fortsetzung)

Operator	Bedeutung
%	Der Modulo-Operator: *$linkerWert % $rechterWert* • Wenn er im Zusammenhang mit Zahlen eingesetzt wird, liefert er den Rest aus deren Division zurück. • Dieser Operator gilt nicht für Zeichenketten. • Dieser Operator gilt nicht für Arrays. • Dieser Operator gilt nicht für Hash-Tabellen. • Wenn er im Zusammenhang mit einem anderen Typ eingesetzt wird, verwendet die PowerShell den Modulo-Operator (`op_Modulus`) dieses Typs, wenn bei diesem Typ ein solcher implementiert ist.
+= -= *= /= %=	Zuweisungsoperatoren: *$Variable <Operator>= Wert* Diese Operatoren entsprechen den einfachen arithmetischen Operatoren (+, –, *, / und %), speichern das Ergebnis allerdings in der Variablen links des Operators ab. Es handelt sich dabei um eine Kurzform für *$Variable = $Variable <Operator> Wert*.

HINWEIS

Die Klasse `System.Math` im .NET Framework bietet zusätzlich zu den von der PowerShell unterstützten nativen Operatoren viele weitere leistungsfähige Operatoren an:

```
PS >[Math]::Pow([Math]::E, [Math]::Pi)
23,1406926327793
```

Sehen Sie sich den Abschnitt *Mit dem .NET Framework arbeiten* auf Seite 60 an, wenn Sie mehr darüber erfahren möchten, wie Sie bei der Arbeit mit der PowerShell mit dem .NET Framework zusammenarbeiten können.

Logische Operatoren

Mit den logischen Operatoren (siehe Tabelle 9) können Sie Boolesche Werte vergleichen.

Tabelle 9: Logische Operatoren der Windows PowerShell

Operator	Bedeutung
`-and`	Logisches AND: *$linkerWert* –and *$rechterWert* Liefert `$true` zurück, wenn sowohl das linke als auch das rechte Argument `$true` ergeben. Liefert ansonsten `$false` zurück. Sie können im selben Ausdruck mehrere `-and`-Operatoren miteinander kombinieren: *$Wert1* –and *$Wert2* –and *$Wert3* ... Die PowerShell setzt den `-and`-Operator als Kurzschlussoperator (engl. *short-circuit operator*) um, indem sie die Argumente nur dann auswertet, wenn alle nachfolgenden Argumente `$true` ergeben.
`–or`	Logisches OR: *$linkerWert* –or *$rechterWert* Liefert `$true` zurück, wenn entweder das linke oder das rechte Argument `$true` ergibt. Liefert ansonsten `$false` zurück. Sie können im selben Ausdruck mehrere `-or`-Operatoren miteinander kombinieren: *$Wert1* –or *$Wert2* –or *$Wert3* ... Die PowerShell setzt den `-or`-Operator als Kurzschlussoperator (engl. *short-circuit operator*) um, indem sie die Argumente nur dann auswertet, wenn alle nachfolgenden Argumente `$false` ergeben.
`–xor`	Logisches exklusives OR: *$linkerWert* –xor *$rechterWert* Liefert `$true` zurück, wenn entweder das linke oder das rechte Argument `$true` ergibt, aber nicht, wenn das bei beiden Argumenten der Fall ist. Liefert ansonsten `$false` zurück.
–not !	Logisches NOT: –not *$Wert* Liefert `$true` zurück, wenn sein (einziges) rechtes Argument `$false` ergibt. Liefert ansonsten `$false` zurück.

Binäre Operatoren

Mit den binären Operatoren (siehe Tabelle 10) können Sie die Booleschen logischen Operatoren Bit für Bit auf die Argumente des Operators anwenden. Wenn Sie Bits vergleichen, wird `$true` durch eine `1` repräsentiert, während `$false` durch eine `0` repräsentiert wird.

Tabelle 10: Binäre Operatoren der Windows PowerShell

Operator	Bedeutung

`-band`	Binäres AND:
	$linkerWert -band *$rechterWert*
	Liefert eine Zahl zurück, bei der die Bits auf `1` gesetzt werden, wenn die Bits der linken und rechten Argumente an dieser Position beide `1` sind. Alle anderen Bits werden auf `0` gesetzt, zum Beispiel so:
	`PS >$boolean1 = "110110110"`
	`PS >$boolean2 = "010010010"`
	`PS >$int1 = [Convert]::ToInt32($boolean1, 2)`
	`PS >$int2 = [Convert]::ToInt32($boolean2, 2)`
	`PS >$result = $int1 -band $int2`
	`PS >[Convert]::ToString($result, 2)`
	`10010010`

`-bor`	Binäres OR:
	$linkerWert -bor *$rechterWert*
	Liefert eine Zahl zurück, bei der die Bits auf `1` gesetzt werden, wenn eines der Bits der linken oder rechten Argumente an dieser Position `1` ist. Alle anderen Bits werden auf `0` gesetzt.
	
	Das kann zum Beispiel so aussehen:
	`PS >$boolean1 = "110110110"`
	`PS >$boolean2 = "010010010"`
	`PS >$int1 = [Convert]::ToInt32($boolean1, 2)`
	`PS >$int2 = [Convert]::ToInt32($boolean2, 2)`
	`PS >$result = $int1 -bor $int2`
	`PS >[Convert]::ToString($result, 2)`
	`110110110`

`-bxor`	Binäres exklusives OR:
	$linkerWert -bxor *$rechterWert*
	Liefert eine Zahl zurück, bei der die Bits auf `1` gesetzt werden, wenn eines der Bits der linken oder rechten Argumente an dieser Position `1` ist, aber nicht, wenn das für beide Bits gilt. Alle anderen Bits werden auf `0` gesetzt, zum Beispiel so:
	`PS >$boolean1 = "110110110"`
	`PS >$boolean2 = "010010010"`
	`PS >$int1 = [Convert]::ToInt32($boolean1, 2)`
	`PS >$int2 = [Convert]::ToInt32($boolean2, 2)`
	`PS >$result = $int1 -bor $int2`
	`PS >[Convert]::ToString($result, 2)`
	`100100100`

Tabelle 10: Binäre Operatoren der Windows PowerShell (Fortsetzung)

Operator	Bedeutung

`-bnot`	Binäres NOT:
	-bnot $*Wert*
	Liefert eine Zahl zurück, bei der die Bits auf `1` gesetzt werden, wenn das Bit des rechten (und einzigen) Arguments an dieser Position auf `1` gesetzt ist. Alle anderen Bits werden auf `0` gesetzt, zum Beispiel so:
	`PS >$boolean1 = "110110110"`
	`PS >$int1 = [Convert]::ToInt32($boolean1, 2)`
	`PS >$result = -bnot $int1`
	`PS >[Convert]::ToString($result, 2)`
	`11111111111111111111111001001001`

Weitere Operatoren

Die PowerShell unterstützt zusätzlich weitere einfache Operatoren (siehe Tabelle 11).

Tabelle 11: Weitere Operatoren der Windows PowerShell

Operator	Bedeutung

`-replace`	Der Ersetzen-Operator:
	»*Ziel*« –replace »*Muster*«,»*Ersetzung*«
	Liefert eine neue Zeichenkette zurück, bei der der Text in `"Ziel"`, der mit dem regulären Ausdruck `"Muster"` übereinstimmte, gegen den Ersetzungstext `"Ersetzung"` ausgetauscht wurde.
	Standardmäßig führt die PowerShell einen Vergleich durch, bei dem die Groß- und Kleinschreibung nicht beachtet wird. Der Operator `–ireplace` sorgt dafür, dass diese Nichtbeachtung der Groß- und Kleinschreibung explizit angegeben wird, während der Operator `–creplace` einen Vergleich durchführt, bei dem die Groß- und Kleinschreibung beachtet wird.
	Wenn das Muster des regulären Ausdrucks benannte Captures oder Capture-Gruppen enthält, kann der Ersetzungs-String sich auch auf diese beziehen, zum Beispiel so:
	`PS >"Hallo Welt" -replace "(.*) (.*)",'$2 $1'`
	`Welt Hallo`
	Weitere Informationen zu den Details der regulären Ausdrücke finden Sie im Referenzteil unter Reguläre Ausdrücke.

Tabelle 11: Weitere Operatoren der Windows PowerShell (Fortsetzung)

Operator	Bedeutung

`-f`	Der Format-Operator:
	<Format-String> –f *<Wert-Array>*
	Liefert eine Zeichenkette zurück, bei der die Formatelemente im Format-String durch die Textentsprechung der Werte im Werte-Array ersetzt wurden, zum Beispiel so:
	`PS >"{0:n0}" -f 1000000000`
	`1.000.000.000`
	Der Format-String für den Format-Operator entspricht genau dem Format-String, der von der .NET-Methode `String.Format` unterstützt wird.
	Weitere Details zur Syntax des Format-Strings finden Sie im Referenzteil unter .NET-String-Formatierung.

`-as`	Der Typumwandlungsoperator:
	$Wert –as *[Typ]*
	Wandelt `$Wert` in den angegebenen .NET-Datentyp um. Wenn diese Umwandlung nicht möglich ist, liefert die PowerShell `$null` zurück, zum Beispiel so:
	`PS >3/2 -as [int]`
	`2`

Vergleichsoperatoren

Mit den Vergleichsoperatoren der PowerShell (siehe Tabelle 12) können Sie Ausdrücke miteinander vergleichen. Standardmäßig berücksichtigen die Vergleichsoperatoren der PowerShell keine Groß- und Kleinschreibung. Bei allen Operationen, bei denen die Groß- und Kleinschreibung von Bedeutung ist, führt das Präfix `-i` dazu, dass die Nichtbeachtung von Groß- und Kleinschreibung explizit angegeben wird, wohingegen das Präfix `-c` einen Vergleich durchführt, bei dem die Groß- und Kleinschreibung berücksichtigt wird.

Tabelle 12: Vergleichsoperatoren der Windows PowerShell

Operator	Bedeutung
`–eq`	Der Gleichheitsoperator: *$linkerWert* –eq *$rechterWert* Bei allen primitiven Datentypen wird `$true` zurückgeliefert, wenn `$linkerWert` und `$rechterWert` gleich sind. Wenn er im Zusammenhang mit Arrays eingesetzt wird, liefert er alle Elemente in `$linkerWert` zurück, die mit `$rechterWert` übereinstimmen. Wenn er im Zusammenhang mit einem anderen Typ eingesetzt wird, verwendet die PowerShell die Methode `.Equals()` dieses Typs, wenn bei diesem Typ eine solche Methode implementiert ist.
`–ne`	Der negierte Gleichheitsoperator: *$linkerWert* –ne *$rechterWert* Bei allen primitiven Datentypen wird `$true` zurückgeliefert, wenn `$linkerWert` und `$rechterWert` nicht gleich sind. Wenn er im Zusammenhang mit Arrays eingesetzt wird, liefert er alle Elemente in `$linkerWert` zurück, die nicht mit `$rechterWert` übereinstimmen. Wenn er im Zusammenhang mit einem anderen Typ eingesetzt wird, liefert die PowerShell die Negierung der Methode `.Equals()` dieses Typs zurück, wenn bei diesem Typ eine solche Methode implementiert ist.
`–ge`	Der Größer-als-oder-gleich-Operator: *$linkerWert* –ge *$rechterWert* Bei allen primitiven Datentypen wird `$true` zurückgeliefert, wenn `$linkerWert` größer oder gleich `$rechterWert` ist. Wenn er im Zusammenhang mit Arrays eingesetzt wird, werden alle Elemente in `$linkerWert` zurückgeliefert, die größer oder gleich `$rechterWert` sind. Wenn er im Zusammenhang mit einem anderen Typ eingesetzt wird, liefert die PowerShell das Ergebnis der Methode `.Compare()` dieses Objekts zurück, wenn diese dort implementiert ist. Wenn diese Methode eine Zahl zurückliefert, die größer oder gleich null ist, liefert der Operator `$true` zurück.

Tabelle 12: Vergleichsoperatoren der Windows PowerShell (Fortsetzung)

Operator	Bedeutung
`-gt`	Der Größer-als-Operator: *$linkerWert* –gt *$rechterWert* Liefert bei allen primitiven Datentypen `$true` zurück, wenn `$linkerWert` größer als `$rechterWert` ist. Wenn er im Zusammenhang mit Arrays eingesetzt wird, liefert er alle Elemente in `$linkerWert` zurück, die größer als `$rechterWert` sind. Wenn er mit einem anderen Typ eingesetzt wird, liefert die PowerShell die Ergebnisse der Methode `.Compare()` dieses Objekts zurück, wenn diese Methode dort implementiert ist. Wenn diese Methode eine Zahl zurückliefert, die größer als null ist, liefert der Operator `$true` zurück.
`-lt`	Der Kleiner-als-Operator: *$linkerWert* –lt *$rechterWert* Liefert bei allen primitiven Datentypen `$true` zurück, wenn `$linkerWert` kleiner als `$rechterWert` ist. Wenn er im Zusammenhang mit Arrays eingesetzt wird, liefert er alle Elemente in `$linkerWert` zurück, die kleiner als `$rechterWert` sind. Wenn er mit einem anderen Typ eingesetzt wird, liefert die PowerShell die Ergebnisse der Methode `.Compare()` dieses Objekts zurück, wenn diese dort implementiert ist. Wenn diese Methode eine Zahl zurückliefert, die kleiner als null ist, liefert der Operator `$true` zurück.
`-le`	Der Kleiner-als-oder-gleich-Operator: *$linkerWert* –le *$rechterWert* Liefert bei allen primitiven Datentypen `$true` zurück, wenn `$linkerWert` kleiner oder gleich `$rechterWert` ist. Wenn er im Zusammenhang mit Arrays eingesetzt wird, liefert er alle Elemente in `$linkerWert` zurück, die kleiner oder gleich `$rechterWert` sind. Wenn er mit einem anderen Typ eingesetzt wird, liefert die PowerShell das Ergebnis der Methode `.Compare()` dieses Objekts zurück, wenn diese dort implementiert ist. Wenn diese Methode eine Zahl zurückliefert, die kleiner oder gleich null ist, liefert dieser Operator `$true` zurück.

Tabelle 12: Vergleichsoperatoren der Windows PowerShell (Fortsetzung)

Operator	Bedeutung

`-like`	Der Like- bzw. Einfacher-Textabgleich-Operator:
	»Ziel« –like *<Muster>*
	Vergleicht das Muster mit dem Zielwert und liefert dabei `$true` zurück, wenn der Abgleich erfolgreich ist.
	Der Like-Operator unterstützt die folgenden einfachen Platzhalterzeichen:
	`?` Ein beliebiges einzelnes, nicht spezifiziertes Zeichen
	`*` Null oder mehrere nicht spezifizierte Zeichen
	`[a-b]` Alle Zeichen im Bereich von a-b
	`[ab]` Die spezifizierten Zeichen a oder b
	Das kann zum Beispiel so aussehen:
	`PS >"Test" -like "[A-Z]e?[tr]"`
	`True`

`-notlike`	Die Negierung des Like-Operators. Liefert `$true` zurück, wenn der `-like`-Operator `$false` zurückliefern würde.

`-match`	Der Match-Operator:
	»Ziel« –match *<Regulärer Ausdruck>*
	Vergleicht den regulären Ausdruck mit dem Zielwert und liefert dabei `$true` zurück, wenn der Abgleich erfolgreich ist. Gleich nach der Ausführung legt die PowerShell die erfolgreichen Vergleiche in der Variablen `$matches` ab.
	Bei der Variablen `$matches` handelt es sich um eine Hash-Tabelle, die die einzelnen Vergleiche auf den übereinstimmenden Text abbildet. `0` entspricht dem gesamten Text des Vergleichs, `1` und Folgende enthalten den Text aus allen unbenannten Captures im regulären Ausdruck, und String-Werte enthalten den Text aus allen benannten Captures im regulären Ausdruck, zum Beispiel so:
	`PS >"Hallo Welt" -match "(.*) (.*)"`
	`True`
	`PS >$matches[1]`
	`Hallo`
	Weitere Informationen zu den Details regulärer Ausdrücke finden Sie im Referenzteil unter Reguläre Ausdrücke.

`-notmatch`	Die Negierung des Match-Operators. Liefert `$true` zurück, wenn der `-match`-Operator `$false` zurückliefern würde. Auch der `-notmatch`-Operator füllt die Variable `$matches` mit den Ergebnissen des Vergleichs an.

Tabelle 12: Vergleichsoperatoren der Windows PowerShell (Fortsetzung)

Operator	Bedeutung
`-contains`	Der Contains-Operator: $*Liste* –contains $*Wert* Liefert `$true` zurück, wenn die durch `$Liste` angegebene Liste den Wert `$Wert` enthält.
`-notcontains`	Die Negierung des Contains-Operators. Liefert `$true` zurück, wenn der `-contains`-Operator `$false` zurückliefern würde.
`-is`	Der Typ-Operator: $*Liste* –is [*Typ*] Liefert `$true` zurück, wenn `[Typ]` dem angegebenen .NET-Datentyp entspricht.
`-isnot`	Die Negierung des Typ-Operators. Liefert `$true` zurück, wenn der `-type`-Operator `$false` zurückliefern würde.

Bedingungsanweisungen

Mit den Bedingungsanweisungen der PowerShell können Sie den Ablauffluss bei der Ausführung Ihres Skripts beeinflussen.

Die Anweisungen if, elseif und else

```
if(Bedingung)
{
   <Anweisungsblock>
}
elseif(Bedingung2)
{
   <Anweisungsblock>
}
else
{
   <Anweisungsblock>
}
```

Wenn die Bedingung `$true` ergibt, führt die PowerShell den von Ihnen aufgeführten Anweisungsblock aus. Dann führt sie die Ausführung am Ende der `if`/`elseif`/`else`-Anweisungsliste fort. Die PowerShell benötigt die umschließenden Klammern, um die

Anweisungsblöcke auch dann auszuführen, wenn der Anweisungsblock nur eine einzige Anweisung enthält.

TIPP

Sehen Sie sich die Abschnitte *Logische Operatoren* auf Seite 44 und *Vergleichsoperatoren* auf Seite 48 an. Dort wird beschrieben, wie die PowerShell Ausdrücke als Bedingungen überprüft.

Wenn die Bedingung `$false` ergibt, überprüft die PowerShell alle nachfolgenden (optionalen) `elseif`-Bedingungen, bis eine zutrifft. Trifft dann eine Bedingung zu, führt die PowerShell den zu dieser Bedingung gehörenden Anweisungsblock aus und fährt danach mit der Ausführung am Ende der `if`/`elseif`/`else`-Anweisungsliste fort.

Wenn keine der Bedingungen `$true` ergibt, führt die PowerShell den zur (optionalen) `else`-Klausel gehörenden Anweisungsblock aus und fährt dann mit der Ausführung am Ende der `if`/`elseif`/`else`-Anweisungsliste fort.

switch-Anweisungen

```
switch [Optionen] (Ausdruck)
{
   <Vergleichswert> { <Anweisungsblock> }
   -oder-
   { Ausdruck }     { <Anweisungsblock> }

   (…)
   default            { <Anweisungsblock> }
}
```

oder

```
switch [Optionen] -file <Dateiname>
{
   <Vergleichswert> { <Anweisungsblock> }
   -oder-
   { Ausdruck }     { <Anweisungsblock> }

   (…)
   default            { <Anweisungsblock> }
}
```

Wenn die PowerShell eine `switch`-Anweisung auswertet, prüft sie dabei den `Ausdruck` gegen die Anweisungen im `switch`-Body. Wenn `Ausdruck` eine Liste mit Werten ist, prüft die PowerShell jedes einzelne Element gegen die Anweisungen im `switch`-Body. Geben Sie die Option `-file` an, behandelt die PowerShell die Zeilen in der Datei so, als wären sie eine Liste mit Elementen in `Ausdruck`.

Mit der `<Vergleichswert>`-Anweisung können Sie das aktuelle Eingabeelement mit dem in `<Vergleichswert>` angegebenen Muster abgleichen. Standardmäßig behandelt die PowerShell dies wie einen exakten Abgleich, bei dem Groß- und Kleinschreibung nicht beachtet werden. Die Optionen, die Sie der `switch`-Anweisung mitgeben, können dieses Verhalten aber ändern (siehe Tabelle 13).

Tabelle 13: Optionen, die von der switch-Anweisung der PowerShell unterstützt werden

Option	Bedeutung
`-casesensitive` `-c`	Abgleich, bei dem Groß- und Kleinschreibung beachtet werden. Wenn diese Option aktiv ist, führt die PowerShell den zugehörigen Anweisungsblock nur dann aus, wenn das aktuelle Eingabeelement genau dem Wert entspricht, der über `<Vergleichswert>` angegeben wird. Wenn es sich bei dem aktuellen Eingabeobjekt um eine Zeichenkette handelt, wird bei der Überprüfung auf Groß- und Kleinschreibung geachtet.
`-exact` `-e`	Exakter Abgleich. Wenn diese Option aktiv ist, führt die PowerShell den zugehörigen Anweisungsblock nur dann aus, wenn das aktuelle Eingabeelement genau dem Wert entspricht, der über `<Vergleichswert>` angegeben wird. Dieser Abgleich beachtet keine Groß- und Kleinschreibung. Hierbei handelt es sich um das Standardverhalten.
`-regex` `-r`	Abgleich mit regulären Ausdrücken. Wenn diese Option aktiv ist, führt die PowerShell den zugehörigen Anweisungsblock nur dann aus, wenn das aktuelle Eingabeelement dem regulären Ausdruck entspricht, der in `<Vergleichswert>` angegeben wird. Dieser Abgleich berücksichtigt keine Groß- und Kleinschreibung.
`-wildcard` `-w`	Abgleich mit Platzhalter (Wildcards). Wenn diese Option aktiv ist, führt die PowerShell den dazugehörigen Anweisungsblock nur dann aus, wenn das aktuelle Eingabeelement mit dem Platzhalter übereinstimmt, der in `<Vergleichswert>` angegeben wird.

Tabelle 13: Optionen, die von der switch-Anweisung der PowerShell unterstützt werden (Fortsetzung)

Option	Bedeutung
	Der Platzhalterabgleich unterstützt die folgenden einfachen Platzhalterzeichen: `?` Ein beliebiges einzelnes, nicht spezifiziertes Zeichen `*` Null oder mehrere nicht spezifizierte Zeichen `[a-b]` Alle Zeichen im Bereich von a-b `[ab]` Die spezifizierten Zeichen a oder b Dieser Abgleich berücksichtigt keine Groß- und Kleinschreibung.

Mit der Anweisung { `Ausdruck` } können Sie das aktuelle Eingabeelement (das in der Variablen `$_` abgespeichert ist) in einem beliebigen Skriptblock verarbeiten. Wenn die PowerShell eine { `Ausdruck` }-Anweisung verarbeitet, führt sie den zugehörigen Anweisungsblock nur dann aus, wenn { `Ausdruck` } `$true` ergibt.

Die PowerShell führt den zur (optionalen) `default`-Anweisung gehörenden Anweisungsblock nur dann aus, wenn keine anderen Anweisungen im `switch`-Body zutreffen.

Wenn die PowerShell eine `switch`-Anweisung verarbeitet, versucht sie, das aktuelle Eingabeobjekt gegen die einzelnen Anweisungen im `switch`-Body abzugleichen. Dabei geht sie aber auch dann in die nächsten Anweisungen, wenn bereits ein oder mehrere Ausdrücke zutreffend waren. Möchten Sie, dass die PowerShell eine `switch`-Anweisung verlässt, nachdem sie eine Übereinstimmung verarbeitet hat, müssen Sie im Anweisungsblock als letzte Anweisung eine `break`-Anweisung einfügen, zum Beispiel so:

```
$myPhones = "(555) 555-1212","555-1234"

switch -regex ($myPhones)
{
  { $_.Length -le 8 }  { "Vorwahl wurde nicht angegeben";
                         break }
  { $_.Length -gt 8 }  { "Vorwahl wurde angegeben" }
  "\((555)\).*"        { "Im Vorwahlbereich $($matches[1])" }
}
```

Das generiert folgende Ausgabe:

```
Vorwahl wurde angegeben
Im Vorwahlbereich 555
Vorwahl wurde nicht angegeben
```

TIPP

Sehen Sie sich für weitere Informationen über die `break`-Anweisung den folgenden Abschnitt *Schleifenanweisungen* an.

Standardmäßig behandelt die PowerShell dies als exakten Abgleich ohne Berücksichtigung der Groß- und Kleinschreibung. Die Optionen, die Sie der `switch`-Anweisung mitgeben, können dieses Verhalten allerdings ändern.

Schleifenanweisungen

Mit den Schleifenanweisungen der PowerShell können Sie Anweisungsgruppen mehrfach ausführen.

for-Anweisung

```
<: Schleifen_Label> for(<Initialisierung>; <Bedingung>;
<Schrittweite>)
{
   <Anweisungsblock>
}
```

Wenn die PowerShell eine `for`-Anweisung ausführt, führt sie zuerst den Ausdruck aus, der über `<Initialisierung>` vorgegeben wird, zum Beispiel `$myCounter = 0`. Als Nächstes überprüft sie dann `<Bedingung>`, beispielsweise `$myCounter -lt 10`. Wenn `<Bedingung>` `$true` ergibt, führt die PowerShell den angegebenen Anweisungsblock aus. Danach führt sie die Anweisung aus, die in `<Schrittweite>` vorgegeben wird, beispielsweise `$myCounter++`. Die PowerShell führt dann den Anweisungsblock und die `<Schrittweite>`-Anweisung so lange aus, wie `<Bedingung>` `$true` ergibt, zum Beispiel so:

```
$myCounter = 0
for ($myCounter = 0; $myCounter -lt 10; $myCounter++)
{
   "Zähler steht auf: $myCounter"
}
```

Bei den Anweisungen `break` und `continue` (werden weiter unten behandelt) kann das `Schleifen_Label` einer beliebigen Schleifenanweisung als Zieladresse angegeben werden.

foreach-Anweisung

```
<: Schleifen_Label> foreach(<Variable> in <Ausdruck>)
{
   <Anweisungsblock>
}
```

Wenn die PowerShell eine `foreach`-Anweisung ausführt, verarbeitet sie die Pipeline, die mit `<Ausdruck>` angegeben wird, beispielsweise `Get-Process | Sort Handles` oder `1..10`. Jedes Element, das durch diesen Ausdruck generiert wird, weist sie dann der Variablen zu, die durch `<Variable>` festgelegt wird, und führt anschließend den vorgegebenen Anweisungsblock aus, zum Beispiel so:

```
$handleSum = 0;
foreach($process in Get-Process | sort Handles)
{
   $SCRIPT:handleSum += $process.Handles
}
$handleSum
```

Bei den Anweisungen `break` und `continue` (werden weiter unten behandelt) kann das `Schleifen_Label` einer beliebigen Schleifenanweisung als Zieladresse angegeben werden.

while-Anweisung

```
<: Schleifen_Label> while(<Bedingung>)
{
   <Anweisungsblock>
}
```

Wenn die PowerShell eine while-Anweisung ausführt, wertet sie zuerst <Bedingung> aus, beispielsweise $myCounter -lt 10. Wenn <Bedingung> $true ergibt, führt die PowerShell dann den angegebenen Anweisungsblock aus. Sie führt den Anweisungsblock so lange aus, wie <Bedingung> $true ergibt, zum Beispiel so:

```
$command = "";
while($command -notmatch "Ende")
{
   $command = read-host "Geben Sie Ihren Befehl ein"
}
```

Bei den Anweisungen break und continue (werden weiter unten behandelt) kann das Schleifen_Label einer beliebigen Schleifenanweisung als Zieladresse angegeben werden.

do ... while-Anweisung/do ... until-Anweisung

```
<: Schleifen_Label> do
{
   <Anweisungsblock>
} while(<Bedingung>)
```

oder

```
<: Schleifen_Label> do
{
   <Anweisungsblock>
} until(<Bedingung>)
```

Wenn die PowerShell eine do...while- oder eine do...until-Anweisung ausführt, führt sie als Erstes den angegebenen Anweisungsblock aus. In einer do...while-Anweisung führt die PowerShell den Anweisungsblock so lange aus, wie <Bedingung> $true ergibt. In einer do...until-Anweisung führt die PowerShell die Anweisung so lange aus, wie <Bedingung> $false ergibt, zum Beispiel so:

```
$validResponses = "Ja","Nein"
$response = ""
do
{
```

```
    $SCRIPT:response = read-host "Ja oder nein?"
} while($validResponses -notcontains $response)
"So ist es."

$response = ""
do
{
    $SCRIPT:response = read-host "Ja oder nein?"
} until($validResponses -contains $response)
"So ist es."
```

Bei den Anweisungen `break` und `continue` (werden weiter unten behandelt) kann das `Schleifen_Label` einer beliebigen Schleifenanweisung als Zieladresse angegeben werden.

Anweisungen zur Ablaufsteuerung

Die PowerShell unterstützt zwei Anweisungen, die Ihnen bei der Steuerung des Ablaufs innerhalb von Schleifen helfen: `break` und `continue`.

break

Die Anweisung `break` unterbricht die Ausführung der aktuellen Schleife. Die PowerShell fährt dann mit der Ausführung am Ende der aktuellen Schleifenanweisung fort, so als wäre die Schleifenanweisung vollständig durchlaufen worden. Wenn Sie mit der `break`-Anweisung ein Label angeben – beispielsweise `break OUTER_LOOP` –, unterbricht die PowerShell stattdessen die Ausführung dieser Schleife, zum Beispiel so:

```
foreach($x in 1..5)
{
    if($x % 2 -eq 0) { break; }
    "Wir sind hier: $x"
}
```

Das generiert diese Ausgabe hier:

```
Wir sind hier: 1
```

continue

Die continue-Anweisung überspringt die Ausführung des restlichen aktuellen Anweisungsblocks. Die PowerShell fährt dann mit dem nächsten Durchlauf der aktuellen Schleifenanweisung fort, so als wäre der Anweisungsblock vollständig durchlaufen worden. Wenn Sie mit der continue-Anweisung ein Label angeben – beispielsweise continue OUTER_LOOP –, fährt die PowerShell stattdessen mit dem nächsten Durchlauf dieser Schleife fort, zum Beispiel so:

```
foreach($x in 1..5)
{
   if($x % 2 -eq 0) { continue; }
   "Wir sind hier: $x"
}
```

Das generiert diese Ausgabe hier:

```
Wir sind hier: 1
Wir sind hier: 3
Wir sind hier: 5
```

Mit dem .NET Framework arbeiten

Ein Feature, das der PowerShell zu ihrer unglaublichen Verbreitung sowohl in der Systemadministration als auch bei der Anwendungsentwicklung verholfen hat, ist die Möglichkeit, das riesige und umfassende .NET Framework von Microsoft wirksam einsetzen zu können.

Beim .NET Framework handelt es sich um eine große Ansammlung von Klassen. Jede Klasse verkörpert ein bestimmtes Konzept und fasst eng miteinander verwandte Funktionalitäten und Informationen zusammen.

Ein Beispiel für eine solche Klasse ist System.Diagnostics.Process, eine Zusammenfassung der Funktionalitäten, die »den Zugriff auf lokale und entfernte Prozesse ermöglichen und mit denen Sie lokale Systemprozesse starten und stoppen können«.

Klassen enthalten *Methoden* (mit denen Sie Operationen durchführen können) sowie *Eigenschaften* (mit denen Sie auf Informationen zugreifen können).

Die Begriffe *Typ* und *Klasse* können synonym verwendet werden.

Statische Methoden

```
[KlassenName]::MethodenName(Parameterliste)
```

Einige Methoden beziehen sich nur auf das von der Klasse repräsentierte Konzept. Beispielsweise bezieht sich das Abrufen aller laufenden Prozesse auf einem System auf das allgemeine Konzept der Prozesse. Methoden, die auf die Klasse als Ganzes angewandt werden, werden *statische Methoden* genannt.

Beispielsweise enthält

```
PS >[System.Diagnostics.Process]::GetProcessById(0)
```

den Prozess mit der ID 0 und zeigt die folgende Ausgabe an:

```
Handles  NPM(K)  PM(K)  WS(K)  VM(M)   CPU(s)    Id ProcessName
-------  ------  -----  -----  -----   ------    -- -----------
      0       0      0     16      0              0 Idle
```

Instanzmethoden

```
$objektReferenz.MethodenName(Parameterliste)
```

Einige Methoden beziehen sich nur auf bestimmte konkrete Ausprägungen (*Instanzen* genannt) einer Klasse. Ein Beispiel dafür wäre ein Prozess, der tatsächlich gerade auf dem System läuft, im Gegensatz zum allgemeinen Konzept der Prozesse. Wenn `$objektReferenz` sich auf einen bestimmten `System.Diagnostics.Process` bezieht (beispielsweise als Ausgabe von `GetProcessById()`), möchten Sie diesen vielleicht starten, ihn beenden oder darauf warten, dass er sich beendet. Methoden, die auf Instanzen von Klassen arbeiten, nennt man *Instanzmethoden*.

Der Begriff *Objekt* wird häufig synonym für den Begriff *Instanz* verwendet.

Hier sehen Sie ein Beispiel:

```
PS >$process = [System.Diagnostics.Process]::GetProcessById(0)
PS >$process.Refresh()
```

Das speichert den Prozess mit der ID 0 in der Variablen `$process` ab. Dann wird auf diesem bestimmten Prozess die Instanzmethode `Refresh()` aufgerufen.

TIPP

Wenn Sie mehr über die verschiedenen Parameter (*Overloads*) erfahren möchten, die eine bestimmte Methode unterstützt, dann geben Sie den Methodennamen ohne irgendwelche Parameter ein:

```
PS >$now = [DateTime]::Now
PS >$now.AddDays

MemberType          : Method
OverloadDefinitions : {System.DateTime AddDays(Double
                      value)}
TypeNameOfValue     : System.Management.Automation.
                      PSMethod
Value               : System.DateTime AddDays(Double
                      value)
Name                : AddDays
IsInstance          : True
```

Statische Eigenschaften

```
$objektReferenz.EigenschaftenName
```

oder

```
$objektReferenz.EigenschaftenName = <Wert>
```

Wie bei den statischen Methoden auch, beziehen sich einige Eigenschaften nur auf Informationen über das durch die Klasse repräsentierte Konzept. Die Klasse `System.DateTime` beispielsweise »repräsentiert einen Zeitausschnitt, normalerweise ausgedrückt als Tagesdatum und Uhrzeit«. Diese Klasse bietet eine statische Eigenschaft `Now`, die die aktuelle Uhrzeit zurückliefert:

```
PS >[System.DateTime]::Now
Samstag, 10. März 2007 21:13:08
```

Auch wenn das relativ selten ist, können Sie doch bei manchen Typen den Wert einiger statischer Eigenschaften setzen.

Instanzeigenschaften

```
$objektReferenz.EigenschaftenName
```

oder

```
$objektReferenz.EigenschaftenName = <Wert>
```

Wie bei den Instanzmethoden auch, gibt es einige Eigenschaften, die sich nur auf bestimmte konkrete Ausprägungen (*Instanzen* genannt) einer Klasse beziehen. Ein Beispiel dafür wäre ein tatsächlicher Zeitausschnitt, im Gegensatz zum allgemeinen Konzept von Datum und Zeit. Wenn sich `$objektReferenz` auf eine bestimmte `System.DateTime` bezieht (beispielsweise als Ausgabe von `[System.DateTime]::Now`), möchten Sie vielleicht dessen Wochentag, Tag oder Monat erfahren. Eigenschaften, die Informationen über Instanzen einer Klasse zurückliefern, werden *Instanzeigenschaften* genannt.

Das kann zum Beispiel so aussehen:

```
PS >$today = [System.DateTime]::Now
PS >$today.DayOfWeek
Sunday
```

Das speichert das aktuelle Datum in der Variablen `$today`. Dann wird auf diesem bestimmten Datum die Instanzeigenschaft `DayOfWeek` aufgerufen.

Etwas über Typen lernen

Will man etwas über Klassen und Typen lernen, sind die beiden wichtigsten Hilfsmittel das Cmdlet *Get-Member* und die Dokumentation zum .NET Framework.

Das Cmdlet Get-Member

Wenn Sie wissen möchten, welche Methoden und Eigenschaften ein bestimmter Typ unterstützt, dann schicken Sie ihn durch das Cmdlet *Get-Member* (siehe Tabelle 14).

Tabelle 14: Mit dem Cmdlet Get-Member arbeiten

Aktion	Ergebnis
`[<KlassenName>] | Get-Member -static`	Alle statischen Methoden und Eigenschaften eines bestimmten Typs.
`$objektReferenz | Get-Member -static`	Alle statischen Methoden und Eigenschaften, die von diesem Typ in `$objektReferenz` bereitgestellt werden.
`$objektReferenz | Get-Member`	Alle Instanzmethoden und -eigenschaften, die von diesem Typ in `$objektReferenz` zur Verfügung gestellt werden.
`[<KlassenName>] | Get-Member`	Alle Instanzmethoden und -eigenschaften, die von dieser speziellen Instanz einer Klasse zur Verfügung gestellt werden.

.NET Framework-Dokumentation

Eine weitere Informationsquelle über die Klassen im .NET Framework ist die Dokumentation selbst, die über die Suchfunktionen auf *http://msdn.microsoft.com* zur Verfügung steht.

Die typische Dokumentation einer Klasse beginnt zuerst mit einer allgemeinen Übersicht und bietet dann einen Hyperlink auf die »Member« (Mitglieder) dieser Klasse, die Liste mit den von ihr unterstützten Methoden und Eigenschaften.

TIPP

Wenn Sie schnell an die Dokumentation der Member herankommen möchten, suchen Sie explizit nach diesen Membern, indem Sie den Begriff »member« an Ihren MSDN-Suchbegriff anfügen:

```
<KlassenName> member
```

Die Dokumentation der Member einer Klasse listet deren Methoden und Eigenschaften auf und verwendet zur Darstellung statischer Methoden und Eigenschaften ein S-Symbol. Klicken Sie für weitere Informationen über diesen Member auf den Member-Namen – zu diesen weiteren Informationen gehört auch der Objekttyp, den der Member generiert.

Typabkürzungen

Wenn Sie einen Typnamen angeben, können Sie bei der PowerShell für einige der am häufigsten verwendeten Typen eine Kurzform verwenden (siehe Tabelle 15).

Tabelle 15: Abkürzungen der PowerShell-Typen

Typabkürzung	Vollständiger Klassenname
[Adsi]	[System.DirectoryServices.DirectoryEntry]
[Hashtable]	[System.Collections.Hashtable]
[PSObject]	[System.Management.Automation.PSObject]
[Ref]	[System.Management.Automation.PSReference]
[Regex]	[System.Text.RegularExpressions.Regex]
[ScriptBlock]	[System.Management.Automation.ScriptBlock]
[Switch]	[System.Management.Automation.SwitchParameter]
[Wmi]	[System.Management.ManagementObject]
[WmiClass]	[System.Management.ManagementClass]
[WmiSearcher]	[System.Management.ManagementObjectSearcher]
[Xml]	[System.Xml.XmlDocument]
[<TypName>]	[System.<TypName>]

Instanzen von Typen anlegen

```
$objektReferenz = New-Object TypName [Parameterliste]
```

Auch wenn statische Methoden und Eigenschaften einer Klasse Objekte generieren, werden Sie doch häufig diese Objekte selbst anlegen wollen. Mit dem Cmdlet *New-Object* der PowerShell können Sie eine Instanz des von Ihnen angegebenen Typs anlegen. Die Parameterliste muss zu der Parameterliste passen, die von einem der Typenkonstruktoren akzeptiert wird, so wie es auf MSDN dokumentiert ist.

Das kann zum Beispiel so aussehen:

```
$webClient = New-Object Net.WebClient
$webClient.DownloadString("http://search.msn.com")
```

Die am häufigsten verwendeten Typen stehen standardmäßig zur Verfügung. Viele stehen jedoch erst dann zur Verfügung, wenn Sie die Bibliothek (»Assembly« genannt) laden, in der sie definiert werden.

Um ein Assembly zu laden, verwenden Sie die Methoden, die von der Klasse `System.Reflection.Assembly` zur Verfügung gestellt werden:

```
PS >[Reflection.Assembly]::LoadWithPartialName("System.Web")

GAC    Version        Location
---    -------        --------
True   v2.0.50727     C:\WINDOWS\assembly\GAC_32\(...)\System.
                                                       Web.dll


PS >[Web.HttpUtility]::UrlEncode("http://search.msn.com")
http%3a%2f%2fsearch.msn.com
```

ACHTUNG

Die Methode `LoadWithPartialName` ist nicht für Skripten geeignet, die Sie mit anderen gemeinsam nutzen oder in einer produktiven Umgebung einsetzen möchten. Sie lädt die aktuellste Version der Assembly, die eventuell nicht die gleiche ist, die Sie zur Entwicklung Ihres Skripts verwendet haben. Wenn Sie eine Assembly auf die sicherste Art laden möchten, verwenden Sie ihren vollständig qualifizierten Namen zusammen mit der Methode `[Reflection.Assembly]::Load()`.

Mit COM-Objekten zusammenarbeiten

Mit der PowerShell können Sie auf die gleiche Art und Weise auf Methoden und Eigenschaften von COM-Objekten zugreifen, wie Sie es auch mit Objekten des .NET Framework tun würden. Um mit einem COM-Objekt zusammenarbeiten zu können, verwenden Sie `New-Object` zusammen mit der Programm-ID des COM-Objekts und dem Parameter `–ComObject` (der häufig `-Com` abgekürzt wird):

```
PS >$shell = New-Object -Com Shell.Application
PS >$shell.Windows() | select LocationName,LocationUrl
```

Typen erweitern

Die PowerShell unterstützt zwei Verfahren, mit denen Sie einem beliebigen Typ Ihre eigenen Methoden und Eigenschaften hinzufügen können: das Cmdlet `Add-Member` und eine individuell angepasste Typerweiterungsdatei.

Das Cmdlet Add-Member

Mit dem Cmdlet *Add-Member* können Sie einem Objekt dynamisch Methoden, Eigenschaften und andere Dinge hinzufügen. Es unterstützt die in Tabelle 16 aufgeführten Erweiterungen.

Tabelle 16: Ausgewählte Member-Typen, die vom Cmdlet Add-Member unterstützt werden

Member-Typ	Bedeutung

`AliasProperty`	Eine Eigenschaft, die als Alias einer anderen Eigenschaft festgelegt wurde:
	`$testObject = [PsObject] "Test"`
	`$testObject | Add-Member "AliasProperty"`
	`  Count Length`
	`$testObject.Count`

`CodeProperty`	Eine Eigenschaft, die durch `System.Reflection.MethodInfo` festgelegt wird. Diese Methode muss `public` und `static` sein, Ergebnisse zurückliefern (`nonvoid`) und einen Parameter des Typs `PsObject` entgegennehmen.

Tabelle 16: Ausgewählte Member-Typen, die vom Cmdlet Add-Member unterstützt werden (Fortsetzung)

Member-Typ	Bedeutung

`NoteProperty`	Eine Eigenschaft, die durch den von Ihnen gelieferten Anfangswert bestimmt wird:
	`$testObject = [PsObject] "Test"`
	`$testObject | Add-Member NoteProperty`
	`  Reversed tseT`
	`$testObject.Reversed`

`ScriptProperty`	Eine Eigenschaft, die durch den von Ihnen vorgegebenen Skriptblock bestimmt wird. In diesem Skriptblock bezieht sich `$this` auf die aktuelle Instanz:
	`$testObject = [PsObject] ("Hi" * 100)`
	`$testObject | Add-Member ScriptProperty`
	`  IsLong {`
	`      $this.Length -gt 100`
	`    }`
	`$testObject.IsLong`

`PropertySet`	Eine Eigenschaft, die als Abkürzung für eine Reihe von Eigenschaften festgelegt wird. Wird in Cmdlets wie beispielsweise `Select-Object` eingesetzt: `$testObject = [PsObject] [DateTime]::Now` `$collection =New-Object "System.Collections.` ` ObjectModel.Collection``1[System.String]"` `$collection.Add("Month")` `$collection.Add("Year")` `$testObject \| Add-Member PropertySet` ` MonthYear` `$collection` `$testObject | select MonthYear`
`CodeMethod`	Eine Methode, die von `System.Reflection.MethodInfo` bestimmt wird. Diese Methode muss `public` und `static` sein und einen Parameter des Typs `PsObject` entgegennehmen.

`ScriptMethod`	Eine Methode, die durch den von Ihnen angegebenen Skriptblock bestimmt wird. In diesem Skriptblock bezieht sich `$this` auf die aktuelle Instanz und `$args` auf die Eingabeparameter:
	`$testObject = [PsObject] "Hello"`
	`$testObject | Add-Member ScriptMethod IsLong {`
	`      $this.Length -gt $args[0]`
	`    }`
	`$testObject.IsLong(3)`
	`$testObject.IsLong(100)`

Angepasste Typerweiterungsdateien

Sie können mit dem Cmdlet `Add-Member` zwar individuelle Objekte anpassen, die PowerShell unterstützt aber auch Konfigurationsdateien, mit denen Sie alle Objekte eines bestimmten Typs anpassen können. Vielleicht möchten Sie ja beispielsweise allen Zeichenketten eine `Reverse()`-Methode hinzufügen oder allen Typen eine `HelpUrl`-Eigenschaft (basierend auf den MSDN »Url-Aliasen«).

Die PowerShell fügt der Datei *types.ps1xml* mehrere Typerweiterungen hinzu, die sich im PowerShell-Installationsverzeichnis befindet. Diese Datei ist als Ideenquelle für Beispiele hilfreich, Sie sollten sie aber nicht direkt bearbeiten. Erstellen Sie stattdessen eine neue Erweiterungsdatei und laden Sie dann Ihre Anpassungen mit dem Cmdlet *Update-TypeData*. Der folgende Befehl lädt *types.custom.ps1xml* aus demselben Verzeichnis, in dem sich auch Ihr Profil befindet:

```
$typesFile = Join-Path (Split-Path $profile)
"Types.Custom.Ps1Xml" Update-TypeData -PrependPath $typesFile
```

Mit der PowerShell Version 3.0 haben Sie eine weitere Möglichkeit, zur Laufzeit Ihrer Session die verwendeten Typen zu aktualisieren. Verwenden Sie dazu ebenfalls das Cmdlet *Update-TypeData*. Sollten Sie die Modifikation nicht mehr benötigen, entfernen Sie diese mit dem Cmdlet *Remove-TypeData*.

Sind mehrere Typdefinitionen vorhanden, werden zuerst die mitgelieferten der PowerShell selbst geladen, dann die aus Modulen und zuletzt Ihre eigenen.

Skripten schreiben, Funktionalität wiederverwenden

Wenn Sie Ihre Befehle zusammenpacken und wiederverwenden möchten, legen Sie diese am besten in Skripten und Funktionen ab. Ein *Skript* ist eine Textdatei, die eine Abfolge von PowerShell-Befehlen enthält. Eine *Funktion* ist ebenfalls eine Abfolge von PowerShell-Befehlen, sie wird aber normalerweise innerhalb eines Skripts eingesetzt, um dieses Skript in kleinere, besser verständliche Abschnitte aufzuteilen.

Schreiben von Skripten

Wenn Sie ein Skript schreiben möchten, schreiben Sie Ihre PowerShell-Befehle in einen Texteditor und speichern die Datei mit der *.ps1*-Dateierweiterung ab.

Ausführen von Skripten

Es gibt zwei Arten, auf die ein Skript ausgeführt werden kann: indem man es aufruft und über Dot-Sourcing.

Aufrufen

Wird ein Skript aufgerufen, werden die Befehle ausgeführt, die sich darin befinden. Wenn es nicht explizit mit dem Geltungsbereich-Schlüsselwort `GLOBAL` festgelegt wurde, bleiben die Variablen und Funktionen, die in dem Skript festgelegt wurden, nicht erhalten, wenn sich das Skript beendet.

Mit dem Aufrufoperator (&) und dem Skriptnamen als Parameter rufen Sie ein Skript auf:

```
& "C:\SkriptVerzeichnis\Run-Commands.ps1" <Parameterliste>
```

Sie können dafür entweder einen vollständig qualifizierten Pfad verwenden oder aber einen Pfad, der sich relativ zum aktuellen Pfad befindet. Wenn sich das Skript im aktuellen Verzeichnis befindet, müssen Sie das explizit angeben:

```
.\Run-Commands.ps1 <Parameterliste>
```

Wenn der Pfad keine Leerzeichen enthält, können Sie sowohl die Anführungszeichen als auch den Aufrufoperator weglassen.

Dot-Sourcing

Wird ein Skript über Dot-Sourcing aufgerufen, werden die Befehle innerhalb des Skripts ausgeführt. Anders als beim Aufrufen eines Skripts bleiben die im Skript festgelegten Variablen und Funktionen erhalten, nachdem sich das Skript beendet hat.

Sie rufen dabei ein Skript mithilfe des Punktoperators (.) und mit dem Skriptnamen als Parameter auf:

```
. "C:\SkriptVerzeichnis\Run-Commands.ps1" <Parameterliste>
```

Sie können entweder einen vollständig qualifizierten Pfad verwenden oder aber einen Pfad, der sich relativ zum aktuellen Pfad befindet. Wenn sich das Skript im aktuellen Verzeichnis befindet, müssen Sie das explizit angeben:

```
. .\Run-Commands.ps1 <Parameterliste>
```

Wenn der Pfad keine Leerzeichen enthält, können Sie die Anführungszeichen auch weglassen.

HINWEIS

In der Standardkonfiguration verhindert eine Sicherheitsfunktion der PowerShell mit dem Namen »Execution Policy« die Ausführung von Skripten. Um die verschiedenen Ausführungsrichtlinien zu verstehen, die Ihnen zur Verfügung stehen, geben Sie `Get-Help about_signing` ein. Nachdem Sie eine Ausführungsrichtlinie ausgewählt haben, konfigurieren Sie diese mit dem Cmdlet *Set-ExecutionPolicy*:

```
Set-ExecutionPolicy RemoteSigned
```

Eingaben an Skripten übergeben

Die PowerShell bietet mehrere Möglichkeiten dazu, wie Eingaben, die einem Skript übergeben werden, verarbeitet werden können.

Argument-Array

Wenn Sie auf die Kommandozeilenargumente über deren Position zugreifen möchten, verwenden Sie das Array `$args`, das in allen Skripten zur Verfügung steht:

```
$firstArgument = $args[0]
$secondArgument = $args[1]
$argumentCount = $args.Count
```

Formalparameter

```
param([<TypName>] $VariablenName = <Standardwert>, ...)
```

Mit Formalparametern können Sie von einigen der vielen Vorteile der durchgängigen Kommandozeilen-Parsing-Engine der PowerShell profitieren.

Die PowerShell legt Ihre Parameternamen (das heißt `$VariablenName`) genauso offen, wie sie das in Cmdlets macht. Die Benutzer müssen lediglich genug von Ihrem Parameternamen eingeben, damit er eindeutig von den anderen Parametern unterschieden werden kann. Wenn der Benutzer den Parameternamen nicht angibt, versucht die PowerShell, die Eingabe anhand der Position Ihren Parametern zuzuweisen.

Geben Sie einen Typnamen an, stellt die PowerShell sicher, dass die Benutzereingabe auch diesem Typ entspricht. Geben Sie jedoch einen Standardwert an, nimmt die PowerShell diesen Wert, wenn der Benutzer für diesen Parameter keine Eingabe vornimmt.

TIPP

Wenn Sie einen Parameter als zwingend erforderlich einrichten möchten, definieren Sie Ihren Standardwert so, dass er eine Fehlermeldung auswirft:

```
param($mandatory = $(throw "Bitte geben Sie den
zwingend erforderlichen Parameter ein."))
```

Pipeline-Eingabe

Wollen Sie auf Daten zugreifen, die Ihrem Cmdlet über die Pipeline übergeben werden, verwenden Sie den Zähler `$input`, der allen Skripten zur Verfügung steht:

```
foreach($element in $input)
{
   "Eingabe war: $element"
}
```

Bei der Variablen `$input` handelt es sich um einen .NET-Zähler für die Pipeline-Eingabe. Zähler unterstützen Datenstromszenarien sehr effizient, ermöglichen Ihnen allerdings keinen Zugriff auf beliebige Elemente wie in einem Array. Wenn Sie deren Elemente noch einmal verarbeiten möchten, müssen Sie auf dem `$input`-Zähler die Methode `Reset()` aufrufen, sobald Sie das Ende erreicht haben.

Wenn Sie auf die Pipeline-Eingabe auf unstrukturierte Art und Weise zugreifen müssen, konvertiert der folgende Befehl den Eingabezähler in ein Array:

```
$inputArray = @($input)
```

Cmdlet-Schlüsselwörter in Skripten

Verwenden Sie für Ihr Skript hauptsächlich die Pipeline als Eingabe, können Sie Anweisungsblöcke mit den Bezeichnungen `begin`, `process` und `end` einfügen:

```
param(…)

begin
{
   …
}
process
{
   …
}
end
{
   …
}
```

Die PowerShell führt die `begin`-Anweisung beim Laden Ihres Skripts aus, die `process`-Anweisung für jedes Element, das durch die Pipeline läuft, und die `end`-Anweisung, sobald alle Pipeline-Eingaben verarbeitet wurden. Im `process`-Anweisungsblock stellt die Variable `$_` das aktuelle Pipeline-Objekt dar.

Wenn Sie ein Skript schreiben, das diese Schlüsselwörter enthält, müssen alle Befehle Ihres Skripts innerhalb der Anweisungsblöcke stehen.

Automatische Variable $MyInvocation

Die automatische Variable `$MyInvocation` enthält Informationen über den Kontext, in dem das Skript ausgeführt wurde, inklusive detaillierter Informationen über den Befehl (`MyCommand`), das Skript, das dadurch festgelegt wird (`ScriptName`), und Weiteres.

Ausgaben von Skripten entgegennehmen

Pipeline-Ausgabe

```
<beliebiger Befehl>
```

Der Rückgabewert/die Ausgabe eines Skripts sind alle Daten, die das Skript auf die Pipeline schreibt. Wenn ein Skript die Befehle

```
"Textausgabe"
5*5
```

enthält, wird durch die Zuweisung der Ausgabe dieses Skripts an eine Variable ein Array mit den beiden Werten `Textausgabe` und `25` erstellt.

Return-Anweisung

```
return <Wert>
```

Die Anweisung

```
return $false
```

ist lediglich eine Kurzform für die Pipeline-Ausgabe

```
$false
return
```

Exit-Anweisung

```
exit <ErrorLevel>
```

Die `exit`-Anweisung liefert Fehlercodes zurück. Sie setzt die automatische Variable `$LastExitCode` auf `<ErrorLevel>`, wodurch die automatische Variable $? auf `$false` gesetzt wird, wenn `<ErrorLevel>` größer als null ist.

TIPP

Sehen Sie sich im Referenzteil den Abschnitt *Automatische Variablen der PowerShell* auf Seite 119 für weitere Informationen zu den automatischen Variablen an.

Funktionen

```
function Geltungsbereich:<Funktionsname>(Parameterdeklaration)
{
   <Anweisungsblock>
}
```

oder

```
filter Geltungsbereich:<Filtername>(Parameterdeklaration)
{
   <Anweisungsblock>
}
```

Mit Funktionen können Sie Blöcke eng miteinander verwandter Befehle in einer einzigen Einheit zusammenfassen, auf die Sie über deren Namen zugreifen können.

Gültige Namen für den Geltungsbereich sind `global` (um eine Funktion zu erstellen, die der gesamten Shell zur Verfügung steht), `script` (um eine Funktion zu erstellen, die nur dem aktuellen Skript zur Verfügung steht), `local` (um eine Funktion zu erstellen, die nur für den aktuellen Geltungsbereich und die sich daraus ableitenden Geltungsbereiche zur Verfügung steht) und `private` (um eine Funktion zu erstellen, die nur für den aktuellen Geltungsbereich zur Verfügung steht). Der Standard-Geltungsbereich ist der gerade aktuelle Geltungsbereich.

Der Inhalt eines Anweisungsblocks innerhalb einer Funktion unterliegt den gleichen Regeln wie der Inhalt eines Skripts. Funktionen unterstützen das Array `$args`, Formalparameter, den `$input`-Zähler, Cmdlet-Schlüsselwörter, Pipeline-Ausgabe und die entsprechende `return`-Semantik.

Die Parameterdeklaration als Alternative zu einer param-Anweisung folgt der gleichen Syntax wie die Formal-Parameterliste, benötigt aber nicht das Schlüsselwort param.

Bei einem Filter handelt es sich lediglich um eine Funktion, in der die Anweisungen so behandelt werden, als würden sie sich innerhalb eines process-Anweisungsblocks befinden.

TIPP

Befehle in Ihrem Skript können nur auf Funktionen zugreifen, die bereits definiert wurden. Das kann häufig dazu führen, dass große Skripten schwer zu verstehen sind, wenn der Anfang des Skripts nur aus Hilfsfunktionen besteht. Strukturiert man ein Skript auf die folgende Art und Weise, wird das Skript häufig übersichtlicher:

```
function Main
{
   (...)
   HelperFunction
   (...)
}

function HelperFunction
{
   (...)
}

. Main
```

Wie ein Skript können Sie auch eine Funktion entweder aufrufen oder über Dot-Sourcing ausführen.

Erweiterte Funktionen

Als eine der großen Änderungen der PowerShell-Version 2.0 gelten die erweiterten Funktionen (eng: *advanced functions*). Damit sind Sie in der Lage, Funktionen zu schreiben und ihnen das Laufzeitverhalten echter Cmdlets zu geben. Während »echte« Cmdlets in einer »echten« Programmiersprache auf Basis des .NET Framework geschrieben werden, können Sie die erweiterten Funktionen in der PowerShell-Skriptsprache programmieren. Den Schlüssel dazu bietet Ihnen das Attribut *CmdletBinding*. Durch die Verwendung dieses Attributs werden Ihre Funktionen von der PowerShell wie Cmdlets behandelt. Sie deklarieren das Attribut, wie im folgenden Beispiel gezeigt, einfach im Anfangsbereich Ihrer eigenen Funktion vor der Parameterdefinition.

```
function write-Value{
[CmdletBinding()]
Param(
[Parameter(Mandatory=$true)]
    [string] $value
)
Process
    {
write-host ("Der übergebene Wert lautet " + $value + "!")
}
}
```

In einigen wenigen Punkten werden erweiterte Funktionen nicht wie kompilierte Cmdlets funktionieren. Details dazu entnehmen Sie bitte der PowerShell-Hilfe unter dem Begriff »about_Functions_Advanced«.

Damit sich Ihre Funktion wie ein Cmdlet verhält, sind aber noch weitere Angaben erforderlich. Dazu schauen wir uns diese erweiterte Deklaration eines *CmdletBindings* einmal etwas genauer an:

```
[CmdletBinding(SupportsShouldProcess=<Boolean>,
ConfirmImpact=<String>,
DefaultParameterSetName=<String>)]
```

Die einfache Deklaration wurde um drei Argumente erweitert. Diese wurden in den runden Klammern der Deklaration hinterlegt. Das Argument *SupportsShouldProcess* kann mit den Booleschen Werten *$false* oder *$true* gefüllt werden. Wenn der Wert auf *$true* gesetzt wird können Sie bei Änderungen, die Sie als kritisch einstufen, veranlassen, dass der Anwender diese bestätigen muss. Dabei steuern Sie durch das zweite Argument *ConfirmImpact* und den dort festgelegten Wert z.B. »*High*«, ob eine Bestätigung eingeholt wird oder nicht. Der Wert von *ConfirmImpact* wird durch die

PowerShell gegen den Wert der automatischen Variable *$Confirm-Preference* verglichen. Ist *ConfirmImpact* gleichwertig oder höher und gleichzeitig *SupportsShouldProcess* auf *$true*, wird der Benutzer zur Bestätigung der Aktion aufgefordert.

Das verbleibende Argument *DefaultParameterSetName* ist mit einem Rettungsanker vergleichbar: Die PowerShell versucht bei der Verarbeitung der Parameter eines Cmdlet (und als solches behandelt es Ihre erweiterte Funktion), den jeweils gültigen Parametersatz anhand der verwendeten Parameter zu identifizieren. Sollte das nicht gelingen, greift die PowerShell auf den Wert dieses Arguments zurück und nutzt die Parameter, die darin definiert sind, zur Verarbeitung.

TIPP

Mehr Informationen zu dem Thema finden Sie in der Hilfe mit `Get-Help about_Functions_Advanced_Methods` und `Get-Help about_Functions_Advanced_Parameters`.

Skriptblöcke

```
$objektReferenz =
{
   <Anweisungsblock>
}
```

Die PowerShell unterstützt Skriptblöcke, die sich genau wie nicht benannte Funktionen und Skripten verhalten. Wie bei Skripten und Funktionen folgt auch der Inhalt eines Anweisungsblocks innerhalb eines Skriptblocks den gleichen Regeln wie der Inhalt einer Funktion oder eines Skripts. Skriptblöcke unterstützen das Array `$args`, Formalparameter, den `$input`-Zähler, Cmdlet-Schlüsselwörter, Pipeline-Ausgabe und die entsprechende `return`-Semantik.

Wie bei Skripten und Funktionen können Sie einen Skriptblock entweder aufrufen oder über Dot-Sourcing ausführen.

Integrated Scripting Environment (ISE)

Als einer der größten Mängel der PowerShell-Version 1.0 wurde das Fehlen eines Editors betrachtet. Mit der Version 2.0 hat Microsoft einen eigenen Editor nachgeliefert und in der Version 3.0 weiterentwickelt, das *Integrated Scripting Environment*, kurz: ISE, zu Deutsch *integrierte Scripting-Umgebung*. Neben den optischen Änderungen ist einer der ersten Punkte, die auffallen, die neue Liste der zuletzt geöffneten Dateien, ein lange nachgefordertes Feature.

Um diese ISE auf Ihrem Rechner nutzen zu können, benötigen Sie mindestens das .NET Framework in der Version 3.5 SP1. Ab Windows 7 können Sie die ISE entweder über das Kontextmenü, ihre Verknüpfung in der Taskleiste oder durch Eintippen von `ISE` im Startmenü starten. Alternativ steht Ihnen in einem gestarteten PowerShell-Konsolenfenster der Alias `ISE` zum Aufruf zur Verfügung.

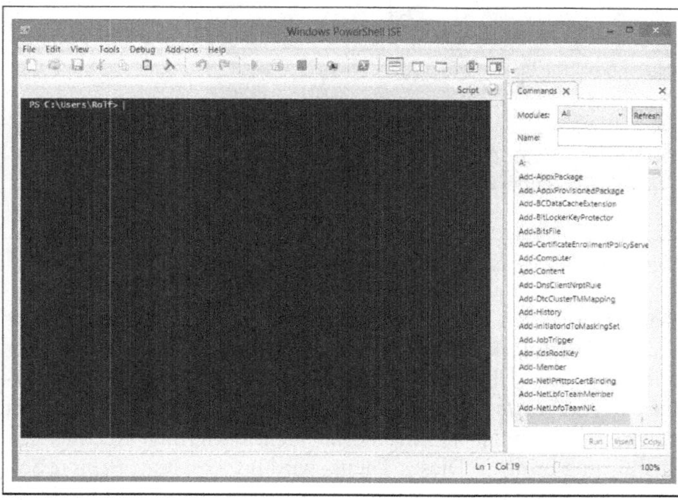

Abbildung 6: Das Integrated Scripting Environment (ISE), Version 2.0

Das alte Fenster der ISE teilt sich, neben dem Menü und der Werkzeugleiste, in drei Bereiche auf, nämlich einen Skriptbereich (oben), einen Ausgabebereich (Mitte) und einen Befehlsbereich (unten).

Ihre Anordnung kann über das Menü an Ihre Bedürfnisse angepasst werden. In der neuen ISE-Version gibt es die Unterscheidung zwischen Eingabe- und Ausgabebereich nicht mehr. Über das Menü *Ansicht* können Sie jederzeit Bereiche ein- und ausblenden.

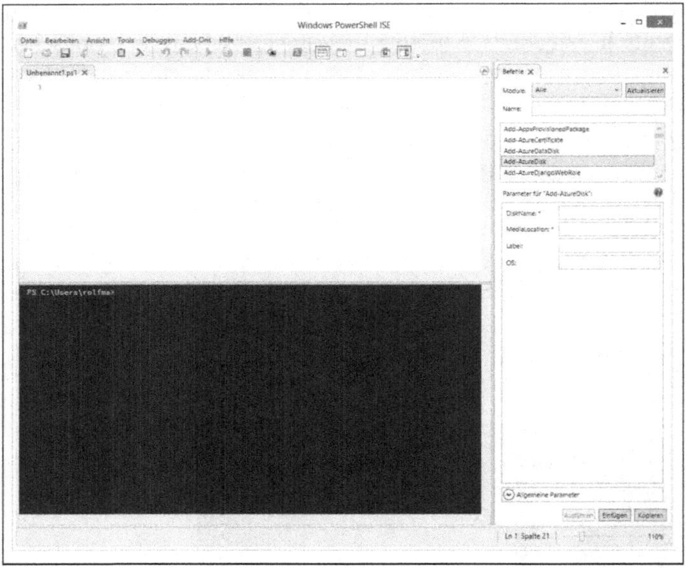

Abbildung 7: Die neue ISE in der Version 3.0

Der Skriptbereich kann mehrere Skripten gleichzeitig auf jeweils einzelnen Registerkarten geöffnet haben, vergleichbar mit den Tabs eines Browsers. Über den Menüpunkt *Datei/Neue Remote-PowerShell Registerkarte* können sogar einzelne Registerkarten geöffnet werden, die dann Ihre Skripten auf dem entfernten Rechner zur Ausführung bringen. Dieses Thema wird im Abschnitt *Remote Sessions* auf Seite 83 näher betrachtet. Wenn Sie diesen Menüpunkt auswählen, werden Sie zur Angabe eines Rechnernamens und der entsprechenden Kennung mit administrativen Rechten auf diesem Rechner aufgefordert.

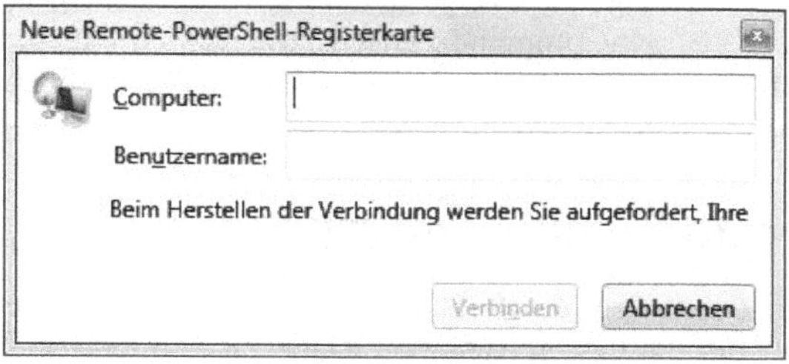

Abbildung 8: Rechner und Benutzernamen angeben für Remoting in der ISE

Wie schon die eigentliche PowerShell hat auch die ISE eine Profildatei, über die Sie Anpassungen für die tägliche Arbeit hinterlegen können. Die benutzerspezifische Profildatei, die Sie über die Variable *$profile* ansprechen können, kann identische Einträge zur Profildatei der eigentlichen PowerShell haben. Der kürzeste Weg, um Anpassungen für die ISE durchzuführen, ist also (innerhalb der ISE aufgerufen) *notepad $profile* und sollte die Datei *C:\Users\<Benutzer>\Documents\WindowsPowerShell\Microsoft.PowerShellISE_profile.ps1* öffnen. Falls diese noch nicht vorhanden ist, fragt Notepad nach, ob sie erstellt werden soll. Diese Frage sollten Sie mit Ja beantworten. Bitte beachten Sie den Unterschied zur Profildatei innerhalb einer gestarteten PowerShell-Konsole. Auch hier existiert die Variable *$profile*. Diese verweist aber auf die Datei *C:\Users\<Benutzer>\Documents\WindowsPowerShell\Microsoft.PowerShell_profile.ps1*. Wenn Sie sich alle möglichen weiteren Profildateien bzw. ihre Speicherorte und Namen anzeigen lassen wollen, können Sie das mit dem folgenden Befehl erreichen:

```
$profile | get-member -MemberTypeNoteProperty | format-list
```

Über das eigene Objektmodell können Sie auch eigene Skripten in die ISE einbauen. Diese werden dann über einen neuen Eintrag in der Menüzeile mit dem Namen *Add-Ons* angezeigt. Die Hilfe der PowerShell erklärt die Erweiterungsmöglichkeiten ausführlich.

Sollten Sie in der deutschen ISE den Bereich *Befehle*, eigentlich ein angedocktes Show-Command-Fenster, geschlossen haben, können Sie ihn über den Menüpunkt »Ansicht – Befehls-Add-On anzeigen« wieder einblenden.

Entfernte Rechner verwalten

Das Arbeiten mit entfernten Rechnern ist in jedem größeren Netzwerk eine der häufigsten Aufgaben. Dabei ist es unerheblich, ob es Arbeitsplatzrechner oder Serversysteme sind. In der Version 1.0 der PowerShell wurde dieses Thema hauptsächlich über die Nutzung von WMI gelöst. Seit der Version 2.0 steht ein Set an Cmdlets zur Verfügung, die genau diesem Aspekt dienen. In der Version 3.0 kommen zusätzlich die sog. *CIM-Cmdlets* dazu.

WMI

WMI (Windows Management Instrumentation) ist für viele Administratoren immer noch ein Buch mit sieben Siegeln. Da es sich hierbei um eine von Microsoft umgesetzte Implementierung des Industriestandards WBEM (Web Based Enterprise Management) der DMTF (Desktop Management Task Force) handelt, kann ein wenig Licht im Dunkel nicht schaden. Nähere Details finden Sie unter *http://www.dmtf.org/standards/wbem sowie http://www.dmtf.org*.

Den Einstieg in die Arbeit mit WMI innerhalb der PowerShell bieten die folgenden Cmdlets, die Sie mit `Get-Command *-wmi*` ausgeben können:

```
CommandType Name                Definition
----------- ----                ----------
Cmdlet      Get-WmiObject       Get-WmiObject [-Class] <String>
                                [[-Property] <St...
Cmdlet      Invoke-WmiMethod    Invoke-WmiMethod [-Class]
                                <String> [-Name] <Stri...
Cmdlet      Register-WmiEvent   Register-WmiEvent [-Class]
                                <String> [[-SourceIde...
Cmdlet      Remove-WmiObject    Remove-WmiObject [-Class]
                                <String> [-AsJob] [-Im...
Cmdlet      Set-WmiInstance     Set-WmiInstance [-Class]
                                <String> [[-Arguments] ...
```

Das wahrscheinlich am häufigsten gebrauchte Cmdlet *Get-WmiObject* liefert Ihnen über alle Klassen, die Sie angeben können, Informationen zurück, die Sie dann weiterverarbeiten können. Eines der einfachsten Beispiele ist das Überprüfen auf freien Platz auf den lokalen Festplatten. Mit VB-Scripting würde es so aussehen:

```
setobjWMI = GetObject("winmgmts:\\localhost\root\cimv2")
set disks = objWMI.ExecQuery("Select * from WIN32_LogicalDisk
Where DriveType = 3")
foreachdisk in disks
    Ausgabe = disk.DeviceID& " " &disk.FreeSpace& " Kapazität"
    wscript.echo Ausgabe
Next
```

Die wichtigste Information aus diesem Skript ist aus der Query zu bekommen. Sie lautet *»from WIN32_LogicalDisk«* und stellt die abzufragende Klasse dar. Der *DriveType* 3 ist eine lokale Festplatte, und danach wird für jede gefundene Festplatte eine formatierte Ausgabe vorgenommen. In der PowerShell lassen sich mit deutlich weniger Schreibaufwand sogar mehr Informationen aus derselben Klasse abrufen und formatiert ausgeben.

```
Get-WmiObjectWIN32_LogicalDisk | where-object {$_.DriveType -eq 3}
```

Diesmal wird über das Cmdlet *Get-WmiObject* die Klasse *WIN32_LogicalDisk* als Object geholt und über die Pipeline an das filternde Cmdlet *Where-Object* übergeben. Eine Formatierung der Ausgabe ist nicht weiter notwendig, da bereits eine Anzeige in Form einer Liste ausgegeben wird.

Bei der Arbeit mit WMI ist die PowerShell also wesentlich effizienter als VBS. Es bleibt trotzdem die Herausforderung bestehen, die möglichen Klassen zu kennen bzw. zu ermitteln.

Remote Sessions

Zuerst gilt es aber, die Grundvoraussetzungen sowohl auf dem administrativen Arbeitsplatz als auch auf dem zu verwaltenden System sicherzustellen.

Auf beiden Systemen ist die Windows PowerShell 2.0 oder höher erforderlich. Daher sollte die Voraussetzung Microsoft .NET Framework 2.0 oder höher ebenfalls bereits erfüllt sein. Die letzte Komponente, die Windows-Remoteverwaltung 2.0, ist auf einigen Betriebssystemversionen bereits enthalten, nämlich Windows 7 und Windows Server 2008 R2. Für andere Versionen gibt es separat zu installierende Pakete. Sie sind als Windows Management-Framework über die Microsoft-Webseiten erhältlich. Es werden Versionen ab Windows XP SP3 und Windows Server 2003 angeboten.

Anders verhält es sich bei der Windows PowerShell 3.0. Die separaten Pakete des Windows Management Framework 3.0 gibt es nur für Windows 7 und Windows Server 2008 R2.

Falls Sie spezielle Remoting-Funktionalitäten wie dauerhafte Sessions benutzen möchten, müssen sowohl der Rechner, von dem aus Sie die Session starten, als auch der Zielrechner mindestens die PowerShell 3.0 installiert haben.

Weiterhin werden für einige der Arbeiten, und dazu gehört im Speziellen das Herstellen einer Remoteverbindung, auf dem jeweiligen System administrative Rechte benötigt. Diese Rechte werden auch schon auf dem administrativen System benötigt, von dem aus Sie die Session zum anderen System starten möchten, um die lokale Konfiguration anzupassen. Das muss auch gegeben sein, wenn nur der eigene Rechner über die sogenannte Loopback-Verbindung angesprochen werden soll. Die eigentliche Einrichtung wird über das Cmdlet *Enable-PSRemoting* durchgeführt. Anschließend müssen alle Aktionen dieser Konfigurationsänderungen einzeln bestätigt werden. Nach dem Start von *Enable-PSRemoting* werden Sie durch den folgenden Dialog geführt:

```
WinRM -Schnellkonfiguration
Der Befehl "Set-WSManQuickConfig" zum Aktivieren dieses
Computers für die Remoteverwaltung über den WinRM-Dienst wird
ausgeführt.
 Dies umfasst die folgenden Schritte:
      1. Starten des WinRM-Diensts (bzw. Neustart bei bereits
         gestarteten Dienst)
      2. Festlegen des automatischen Starts für den WinRM-Dienst
```

```
    3. Erstellen eines Listeners zum Akzeptieren von
       Anforderungen für eine beliebige IP-Adresse
    4. Aktivieren der Firewallausnahme für WS-Verwaltungs-
       datenverkehr (nur HTTP).

Möchten Sie den Vorgang fortsetzen?
[J] Ja  [A] Ja, alle  [N] Nein  [K] Nein, keine  [H] Anhalten
[?] Hilfe (Standard ist "J"): J
WinRM ist bereits zum Empfangen von Anforderungen auf diesem
Computer konfiguriert.
WinRM ist bereits für die Remoteverwaltung auf diesem Computer
eingerichtet.

Bestätigung
Möchten Sie diese Aktion wirklich ausführen?
Ausführen des Vorgangs "Set-PSSessionConfiguration" für das
Ziel "Name: microsoft.powershell SDDL:
O:NSG:BAD:P(A;;GA;;;BA)S:P(AU;FA;GA;;;WD)(AU;SA;GXGW;;;WD).
Damit lassen Sie die Remoteausführung von Windows
PowerShell-Befehlen auf diesem Computer für ausgewählte
Benutzer zu.".
[J] Ja  [A] Ja, alle  [N] Nein  [K] Nein, keine  [H] Anhalten
[?] Hilfe (Standard ist "J"): J

Bestätigung
Möchten Sie diese Aktion wirklich ausführen?
Ausführen des Vorgangs "Set-PSSessionConfiguration" für das
Ziel "Name: Microsoft.PowerShell32 SDDL:
O:NSG:BAD:P(A;;GA;;;BA)S:P. Damit lassen Sie die
Remoteausführung von Windows PowerShell-Befehlen auf diesem
Computer
für ausgewählte Benutzer zu.".
[J] Ja  [A] Ja, alle  [N] Nein  [K] Nein, keine  [H] Anhalten
[?] Hilfe (Standard ist "J"): J
```

TIPP

Sollte Ihr System einen Netzwerkadapter aufweisen, dessen Verbindungstyp auf »Öffentlich« gesetzt ist, können Sie Remoting erst ab der Version 3.0 mit dem neuen Schalter *SkipNetworkProfileCheck* aktivieren. Mit der Version 2.0 müssen Sie die Einstellungen des Netzwerks auf »Domäne« oder »Privat« ändern.

Lassen Sie sich bei den Ausgaben der WinRM-Schnellkonfiguration nicht von den Ausgaben »*WinRM ist bereits …*« irritieren: Ihr System wurde während dieses Schritts umkonfiguriert und das Ergebnis wurde überprüft.

Nach der Aktivierung auf dem System können alle Cmdlets des Remoting genutzt werden. Mit dem Befehl `Get-Command *PSSession` werden alle dazu gehörenden Cmdlets gefunden.

```
CommandType  Name               Definition
-----------  ----               ----------
Cmdlet       Enter-PSSession    Enter-PSSession [-ComputerName]
                                <String> [-Crede...
Cmdlet       Exit-PSSession     Exit-PSSession [-Verbose]
                                [-Debug] [-ErrorAction...
Cmdlet       Export-PSSession   Export-PSSession [-Session]
                                <PSSession> [-Output...
Cmdlet       Get-PSSession      Get-PSSession [[-ComputerName]
                                <String[]>] [-Ver...
Cmdlet       Import-PSSession   Import-PSSession [-Session]
                                <PSSession> [[-Comma...
Cmdlet       New-PSSession      New-PSSession [[-ComputerName]
                                <String[]>] [-Cre...
Cmdlet       Remove-PSSession   Remove-PSSession [-Id] <Int32[]>
                                [-Verbose] [-De...
```

Für einen schnellen Test, ob die Konfiguration erfolgreich war, nutzen Sie das Cmdlet *New-PSSession* ohne weitere Angabe von Parametern. Es richtet eine Sitzung zum eigenen Rechner ein. Das Ergebnis sollte so aussehen:

```
PS C:\Windows\system32> New-PSSession
 Id Name     ComputerNameState   ConfigurationName
Availability
 -- ----     ------------ -----   ----------------       ------
------
  1 Session1 localhostOpened  Microsoft.PowerShell  Available
```

Alle Hilfethemen zur Arbeit in den Remote Sessions werden Ihnen am Ende des Hilfetextes von *about_remoting* angezeigt.

- about_PSSessions
- about_Remote_Disconnected_Sessions
- about_Remote_Requirements

- about_Remote_FAQ
- about_Remote_TroubleShooting
- about_Remote_Variables
- Enter-PSSession
- Invoke-Command
- New-PSSession

Hintergrundaufträge

Das Thema des Abschnitts *Remote Sessions* auf Seite 83 und das Thema dieses Abschnitts sind sehr eng miteinander verknüpft. Hier geht es darum, dass, je nach Umfang Ihres Auftrags, die interaktive Konsole so lange blockiert ist, bis das Ergebnis Ihres Auftrags zurückgegeben wird. Dabei ist es unerheblich, ob der Auftrag zum lokalen oder einem entfernten System geschickt wird.

Neben den Cmdlets, die sich nur dem Thema Job widmen, unterstützen andere Cmdlets über den neuen Parameter `-AsJob` die Möglichkeit, im Hintergrund abgearbeitet zu werden.

Alle Cmdlets zur Arbeit mit Jobs erhalten sie mit dem Befehl `Get-Command *-Job`. Sie erhalten fünf Cmdlets zurück:

```
CommandType  Name          Definition
-----------  ----          ----------
Cmdlet       Get-Job       Get-Job [[-Id] <Int32[]>] [-Verbose]
                           [-Debug] [-...
Cmdlet       Receive-Job   Receive-Job [-Job] <Job[]>
                           [[-Location] <String[...
Cmdlet       Remove-Job    Remove-Job [-Id] <Int32[]> [-Force]
                           [-Verbose] [...
Cmdlet       Start-Job     Start-Job [-ScriptBlock]
                           <ScriptBlock> [[-Initia...
Cmdlet       Stop-Job      Stop-Job [-Id] <Int32[]> [-PassThru]
                           [-Verbose] ...
Cmdlet       Wait-Job      Wait-Job [-Id] <Int32[]> [-Any]
                           [-Timeout <Int32...
```

Um alle Cmdlets zu erhalten, die den Parameter `-AsJob` haben, geben Sie folgenden Befehl ein: `get-help * -Parameter asjob`.

Natürlich könnten Sie, um den Effekt der blockierten Konsole zu vermeiden, immer mit separaten Konsolenfenstern arbeiten. Aber bei umfangreicheren Skripten, die Aufträge an viele Rechner verteilen und die Ergebnisse wieder einsammeln müssen, ist das nicht immer ein praktikabler Weg.

Das mit Abstand am häufigsten eingesetzte Cmdlet für Hintergrundaufträge ist *Invoke-Command*, weil es generische Aufträge in Skriptblöcken an den entfernten Rechner übermittelt. Die weiteren Cmdlets betreffen eher die längeren Verarbeitungszeiten im Zusammenhang mit WMI oder das Herunterfahren beziehungsweise den Neustart von Systemen.

Mit den neuen Versionen der Cmdlets rund um das Thema Jobs können Sie gezielt Befehle als Hintergrundaufträge erzeugen. Auf diese Art wird die Konsole nicht durch die Abarbeitung des Auftrags blockiert. Um das Ergebnis des Auftrags zur Weiterverarbeitung einzusammeln, benötigen Sie das Cmdlet *Receive-Job*. Zur Kontrolle der weiteren Zustände eines Jobs stehen Ihnen *Suspend-Job*, *Resume-Job*, *Stop-Job* und *Remove-Job* zur Verfügung. Um zu ermitteln, welche Jobs derzeit in Ihrer Session aktiv sind, nutzen Sie das Cmdlet *Get-Job*.

Einen besonderen Status hat *Wait-Job*. Damit kontrollieren Sie gezielt das Laufzeitverhalten der Konsole, während ein oder mehrere Hintergrundaufträge abgearbeitet werden. Danach können Sie das Ergebnisobjekt über die Pipeline weiterverarbeiten.

Verwalten von Fehlern

Die PowerShell unterstützt zwei Fehlerklassen: Fehler, die nicht zu einem Abbruch führen (*nonterminating errors*), und Fehler, die zu einem Abbruch führen (*terminating errors*). Die PowerShell sammelt beide Fehlertypen in einer Liste, die von der automatischen Variable `$error` repräsentiert wird.

Nonterminating Errors

Bei den meisten Fehlern handelt es sich um *nonterminating Errors*, da sie die Ausführung des aktuellen Cmdlet oder Skripts bzw. der aktuellen Funktion oder Pipeline nicht beenden. Wenn ein Befehl einen Fehler ausgibt (über die Fehlerausgabe-Funktionalitäten der PowerShell), schreibt die PowerShell diesen Fehler in einen Datenstrom, der »Fehlerausgabe« genannt wird.

Sie können einen nonterminating Error mithilfe des Cmdlet *Write-Error* ausgeben (oder mit der `WriteError()`-API, wenn Sie ein Cmdlet schreiben).

Mit der automatischen Variable `$ErrorActionPreference` können Sie steuern, wie die PowerShell mit nonterminating Errors umgeht. Sie unterstützt die in Tabelle 17 aufgeführten Werte:

Tabelle 17: Werte der automatischen Variable ErrorActionPreference

Wert	Bedeutung
`SilentlyContinue`	Zeigt keine Fehler an.
`Stop`	Behandelt nonterminating Errors als terminating Errors.
`Continue`	Zeigt zwar Fehler an, führt aber die Ausführung des aktuellen Cmdlet oder Skripts bzw. der aktuelen Funktion oder Pipeline fort. Hierbei handelt es sich um den Standardwert.
`Inquire`	Zeigt eine Eingabeaufforderung an, die abfragt, wie die PowerShell mit diesem Fehler umgehen soll.

Bei den meisten Cmdlets können Sie das explizit konfigurieren, indem Sie einen der oben angeführten Werte dem `ErrorAction`-Parameter des Cmdlet übergeben.

Terminating Errors

Ein *terminating Error* stoppt die Ausführung des aktuellen Cmdlet oder Skripts bzw. der Funktion oder Pipeline. Wenn ein Befehl (beispielsweise ein Cmdlet oder ein .NET-Methodenaufruf) eine strukturierte Ausnahme (*structured exception*) generiert (etwa wenn

Sie eine Methode mit Parametern anbieten, die außerhalb ihres gültigen Bereichs liegen), stellt die PowerShell das als terminating Error dar. Die PowerShell generiert auch einen terminating Error, wenn sie ein Element Ihres Skripts, Ihrer Funktion oder Ihrer Pipeline nicht parsen kann.

Sie können in Ihrem Skript mithilfe des Schlüsselworts `throw` einen terminating Error generieren:

```
throw <Fehlermeldung>
```

HINWEIS

Generieren Sie terminating Errors nur, wenn das eigentliche Vorhaben der Operation nicht erreicht werden kann. Wenn Sie beispielsweise auf einem entfernten Server einen Fehler nicht ausführen können, sollten Sie das als nonterminating Error behandeln. Können Sie sich aber erst gar nicht mit dem entfernten Server verbinden, dann sollten Sie das als terminating Error behandeln.

Mit der PowerShell können Sie terminating Errors abfangen, wenn Sie eine `trap`-Anweisung festlegen, bevor die PowerShell diesen Fehler bemerkt:

```
trap [<Ausnahmetyp>]
{
   <Anweisungsblock>
   <continue>
}
```

Wenn Sie einen Ausnahmetyp angeben, wird die `trap`-Anweisung nur auf terminating Errors dieses Typs angewandt.

Wurde das Schlüsselwort `continue` angegeben, teilt es der PowerShell mit, dass sie den Rest Ihres Skripts, Ihrer Funktion oder Ihrer Pipeline nach dieser Stelle, an der sie den terminating Error bemerkt hat, weiter ausführen soll.

Ausgaben formatieren

<Pipeline> | *<Formatierungsbefehl>*

Wenn Objekte das Ende der Ausgabe-Pipeline erreichen, konvertiert die PowerShell sie in Text, damit sie auch von Menschen ausgewertet werden können. Die PowerShell unterstützt mehrere, in Tabelle 18 aufgeführte, Optionen, die Ihnen bei der Steuerung dieses Formatierungsvorgangs helfen sollen.

Tabelle 18: PowerShell-Formatierungsbefehle

Formatierungsbefehl	Ergebnis
Format-Table <Eigenschaftenliste>	Formatiert die Eigenschaften der Eingabeobjekte als Tabelle, wobei nur die von Ihnen angegebenen Objekteigenschaften berücksichtigt werden. Wenn Sie keine Eigenschaftenliste angeben, sucht sich die PowerShell eine Reihe von Standardwerten heraus. Zusätzlich zu den Objekteigenschaften können Sie auch erweiterte Formatierungsanweisungen angeben: ``PS > Get-Process	` `` `` Format-Table -Auto Name,` `` `   @{Label="HexId";` `     Expression={ "{0:x}" -f $_.Id}` `     Width=4` `     Align="Right"` `   }` Die erweiterte Formatierungsanweisung entspricht einer Hash-Tabelle mit den Schlüsseln `Label` und `Expression` (oder irgendeiner Kurzform davon). Der Wert des Ausdrucksschlüssels sollte ein Skriptblock sein, der ein Ergebnis für das aktuelle Objekt zurückliefert (repräsentiert durch die Variable `$_`). Für weitere Informationen über das Cmdlet *Format-Table* können Sie `Get-Help Format-Table` eingeben.
Format-List <Eigenschaftenliste>	Formatiert die Eigenschaften der Eingabeobjekte als Liste, wobei nur die von Ihnen angegebenen Objekteigenschaften berücksichtigt werden. Wenn Sie keine Eigenschaftenliste angeben, sucht sich die PowerShell eine Reihe von Standardwerten heraus. Das Cmdlet *Format-List* unterstützt die erweiterten Formatierungsanweisungen, wie sie auch vom Cmdlet *Format-Table* verwendet werden.

Tabelle 18: PowerShell-Formatierungsbefehle (Fortsetzung)

Formatierungsbefehl	Ergebnis
	Bei dem Cmdlet *Format-List* handelt es sich um das Cmdlet, das Sie am häufigsten einsetzen werden, wenn Sie eine detaillierte Zusammenfassung der Eigenschaften eines Objekts erhalten möchten. Der Befehl `Format-List *` liefert alle Eigenschaften zurück, enthält aber nicht diejenigen, die die PowerShell standardmäßig versteckt. Der Befehl `Format-List * -force` liefert alle Eigenschaften zurück. Weitere Informationen über das Cmdlet *Format-List* erhalten Sie, wenn Sie `Get-Help Format-List` eingeben.

`Format-Wide <Eigenschaft>`	Formatiert die Eigenschaften des Eingabeobjekts in einer extrem knappen Zusammenfassung. Wenn Sie keine Eigenschaft angeben, sucht sich die PowerShell eine Reihe von Standardwerten heraus.
	Zusätzlich zu den Objekteigenschaften können Sie auch noch erweiterte Formatierungsanweisungen angeben:
	`PS >Get-Process
		`` ` ``
		` Format-Wide -Auto `` ` ``
		`   @{ Expression={ "{0:x}" -f $_.Id} }`
		Die erweiterte Formatierungsanweisung entspricht einer Hash-Tabelle mit dem Schlüssel `Expression` (oder einer Kurzform davon). Der Wert des Schlüssels `Expression` sollte ein Skriptblock sein, der ein Ergebnis für das aktuelle Objekt zurückliefert (das durch die Variable `$_` repräsentiert wird).
		Weitere Informationen über das Cmdlet *Format-Wide* erhalten Sie, wenn Sie `Get-Help Format-Wide` eingeben.

Angepasste Formatierungsdateien

Alle Standardeinstellungen für die Formatierung in der PowerShell (wenn Sie beispielsweise keinen Formatierungsbefehl oder keine Formatierungseigenschaften angeben) werden von der Datei **.Format.Ps1Xml* verarbeitet, die sich im Installationsverzeichnis befindet. Das ist dem Verfahren mit den Typerweiterungsdateien sehr ähnlich, die unter Angepasste Typerweiterungsdateien im Abschnitt *Mit dem .NET Framework arbeiten* auf Seite 60 erwähnt wurden.

Wenn Sie Ihre eigenen Formatierungsanpassungen erstellen möchten, können Sie diese Dateien als Beispielquelle heranziehen, sollten sie aber nicht direkt ändern. Erstellen Sie stattdessen eine neue Datei und laden Sie dann Ihre Anpassungen mit dem Cmdlet *Update-FormatData*. Der folgende Befehl lädt *Format.Custom.Ps1Xml* aus dem Verzeichnis, in dem sich auch Ihr Profil befindet:

```
$formatFile = Join-Path (Split-Path $profile) "Format.Custom.
Ps1Xml" Update-FormatData -PrependPath $typesFile
```

Ausgaben entgegennehmen

Es gibt mehrere Möglichkeiten, mit denen in der PowerShell die Ausgaben von Befehlen entgegengenommen werden können:

Tabelle 19: Entgegennehmen von Ausgaben in der PowerShell

Befehl	Ergebnis
`$variable = <Befehl>`	Speichert die Objekte, die vom PowerShell-Befehl generiert wurden, in `$variable` ab.
`$variable = <Befehl> | Out-String`	Speichert die sichtbare Darstellung des PowerShell-Befehls in `$variable`. Hierbei handelt es sich um den PowerShell-Befehl, der eingesetzt wird, nachdem die Ausgabe in eine für den Menschen lesbare Form konvertiert wurde.
`$variable = <Nativer Befehl>`	Speichert die (String-)Ausgabe des nativen Befehls in `$variable`. Die PowerShell speichert das als Liste mit Zeichenketten ab – eine Zeichenkette für jede Ausgabezeile des nativen Befehls.
`<Befehl> -OutVariable $variable`	Gilt für die meisten Befehle. Speichert die Objekte, die vom PowerShell-Befehl generiert wurden, in `$variable`. Der Parameter `-OutVariable` kann auch als `-Ov` geschrieben werden.
`<Befehl> > <Datei>`	Leitet die sichtbare Darstellung der PowerShell (oder die Standardausgabe eines nativen Befehls) nach `<Datei>` um und überschreibt dabei `<Datei>`, wenn sie bereits vorhanden ist. Fehlermeldungen werden von dieser Umleitung nicht erfasst.

Tabelle 20: Entgegennehmen von Ausgaben in der PowerShell (Forts.)

Befehl	Ergebnis
`<Befehl> 2> <Datei>`	Leitet die Fehlermeldungen der PowerShell oder des nativen Befehls nach `<Datei>` um und überschreibt dabei `<Datei>`, wenn sie bereits vorhanden ist.
`<Befehl> 2>> <Datei>`	Leitet die Fehlermeldungen der PowerShell oder des nativen Befehls nach `<Datei>` um und hängt sie dabei an `<Datei>` an, wenn die Datei bereits vorhanden ist.
`<Befehl> > <Datei> 2>&1`	Leitet sowohl die Datenströme der Fehlermeldung als auch die Standardausgabe der PowerShell oder des nativen Befehls nach `<Datei>` um und überschreibt dabei `<Datei>`, wenn sie bereits vorhanden ist.
`<Befehl> >> <Datei> 2>&1`	Leitet sowohl den Datenstrom der Fehlermeldung als auch der Standardausgabe der PowerShell oder des nativen Befehls nach `<Datei>` um und hängt ihn dabei an `<Datei>` an, wenn die Datei bereits vorhanden ist.

Ablaufverfolgung und Fehlersuche

Die drei Einrichtungen zur Ablaufverfolgung und Fehlersuche (Tracing und Debugging) in der PowerShell sind das Cmdlet *Set-PsDebug*, das Cmdlet *Trace-Command* und die »verbose« (wortreiche) Cmdlet-Ausgabe.

Das Cmdlet Set-PsDebug

Mit dem Cmdlet *Set-PsDebug* (siehe Tabelle 21) können Sie in der PowerShell die Ablaufverfolgung, das schrittweise Durchlaufen und den *Strict*-Modus steuern.

Tabelle 21: Parameter des Cmdlet Set-PsDebug

Parameter	Beschreibung
`Trace`	Setzt den Detaillierungsgrad der Ablaufverfolgung, den die PowerShell beim Ausführen von Befehlen ausgibt. Ein Wert von `1` gibt alle Zeilen aus, wenn die PowerShell sie auswertet. Ein Wert von `2` gibt alle Zeilen aus, wenn die PowerShell sie auswertet, sowie Informationen über Variablenzuweisungen, Funktionsaufrufe und Skripten. Ein Wert von `0` deaktiviert die Ablaufverfolgung.
`Step`	Aktiviert und deaktiviert das schrittweise Durchlaufen einzelner Befehle. Wenn er aktiviert ist, erhalten Sie von der PowerShell eine Eingabeaufforderung, bevor sie den Befehl ausführt.
`Strict`	Aktiviert und deaktiviert den *Strict*-Modus. Wenn er aktiviert ist, gibt die PowerShell einen terminating Error aus, wenn Sie versuchen, eine Variable zu referenzieren, die Sie noch nicht definiert haben.
`Off`	Schaltet die Ablaufverfolgung, das schrittweise Durchlaufen und den *Strict*-Modus ab.

Das Cmdlet Trace-Command

```
Trace-Command CommandDiscovery -PsHost { gci c:\ }
```

Das Cmdlet *Trace-Command* gibt Diagnose- und Supportinformationen für PowerShell-Befehle aus. Die PowerShell fasst ihre Diagnoseinformationen in Kategorien zusammen, die »Trace Sources« genannt werden.

Eine vollständige Liste dieser Trace Sources steht über das Cmdlet *Get-TraceSource* zur Verfügung.

Weitere Informationen über das Cmdlet *Trace-Command* erhalten Sie, indem Sie `Get-Help Trace-Command` eingeben.

Verbose Cmdlet-Ausgabe

```
<Cmdlet> -Verbose
```

PowerShell-Befehle können mithilfe des Cmdlet *Write-Verbose* eine Verbose-Ausgabe generieren (wenn sie als Skript geschrieben wurden) oder mithilfe der *WriteVerbose()*-API (wenn sie als Cmdlet geschrieben wurden).

Mit der automatischen Variablen `$VerbosePreference` können Sie steuern, wie die PowerShell mit der Verbose-Ausgabe umgehen soll. Die Variable unterstützt die folgenden Werte:

Tabelle 22: Werte der automatischen Variablen VerbosePreference

Wert	Bedeutung
`SilentlyContinue`	Zeigt keine Verbose-Ausgabe an. Hierbei handelt es sich um die Standardeinstellung.
`Stop`	Behandelt die Verbose-Ausgabe als terminating Error.
`Continue`	Zeigt die Verbose-Ausgabe an und fährt mit der Ausführung des aktuellen Cmdlet oder Skripts bzw. der Funktion oder Pipeline fort.
`Inquire`	Zeigt eine Eingabeaufforderung an, die nachfragt, wie die PowerShell diese Verbose-Ausgabe behandeln soll.

Bei den meisten Cmdlets können Sie das explizit konfigurieren, indem Sie einen der oben aufgeführten Werte dem `Verbose`-Parameter des Cmdlet übergeben.

Die PowerShell erweitern

Damit sie als zentrales Verwaltungsinstrument einsetzbar ist, ist es notwendig, die PowerShell um die speziellen Werkzeuge für die jeweiligen Aufgaben zu erweitern. Dabei können Module, Snap-ins oder eigene Funktionen zum Einsatz kommen.

Remote Server Administration Tools (RSAT)

Vergleichbar mit dem unter Windows Server 2000 und 2003 viel genutzten AdminPak (*adminpak.msi*) haben Sie nach der Installation für Ihr jeweiliges Betriebssystem (32 oder 64 Bit) MMC-SnapIns, aber eben auch PowerShell-Module auf Ihrem lokalen Rechner zur Verfügung, die Sie für die Administration Ihrer Serversysteme lokal starten können.

Im Einzelnen werden Module für das Active Directory, für die Clusterunterstützung und Netzwerk-Loadbalancing installiert. Obwohl es im Knowledgebase-Artikel nicht ausdrücklich erwähnt wird, ist aber auch zusätzlich ein Modul zur Verwaltung von Gruppenrichtlinien enthalten. Sie finden alle Module über den in der Umgebungsvariable *PSModulePath* angegebenen Pfad. Nutzen Sie die PowerShell selbst, um sich die entsprechenden Ordner anzeigen zu lassen:

```
dir ($ENV:PSModulePath -split ';')[1]
```

Sie können das Paket für Windows 7 SP1 unter *http://www.microsoft.com/Downloads* herunterladen.

Etwas anders verhält es sich mit dem separaten Paket RSAT für Windows 8, das Sie ebenfalls über die Downloadseiten von Microsoft herunterladen können. Es installiert in der aktuellen Version 66 unterschiedliche Module. Diese müssen Sie nicht erst wie unter Windows 7 über die Systemsteuerung einzeln aktivieren.

PowerShell Pack

Im PowerShell Pack sind zehn Module zur Erweiterung des Funktionsumfangs der PowerShell-Version 2 enthalten. Dieses Paket ist aktuell nicht für die Version 3.0 verfügbar.

Eigentlich ist das PowerShell Pack Bestandteil des Windows 7 Resource Kit, aber es kann auch als separater Download von der MSDN-Seite heruntergeladen werden.

Zur Installation werden keine administrativen Rechte benötigt. Die Module werden in den Ordner *Dokumente* des installierenden Benutzers kopiert. Eine Pfadangabe kann während der Installation nicht vorgenommen werden.

Die Module sowie drei Dokumente liegen in einzelnen Unterordnern des o.g. Pfads. Sie laden das gesamte Paket mit dem Befehl `Import-Module PowerShellPack` in Ihre aktuelle PowerShell-Sitzung. Wenn Sie nur ein einzelnes der insgesamt zehn Module importieren möchten, geben Sie den Namen des jeweiligen Moduls direkt an. So importiert z.B. dieser Befehl die Erweiterung für die integrierte Scripting-Umgebung (ISE): `Import-Module IsePack`. Danach finden Sie die Erweiterungen im Menü *Add-Ons* der ISE. Das funktioniert auch, wenn die ISE bereits gestartet ist.

Jedes der Module erweitert den Befehlssatz der PowerShell um eine andere Anzahl von Befehlen. Dabei sticht das Modul *WPK* (»Windows Presentation Foundation (WPF) PowerShell Kit«) mit 716 der insgesamt 813 neuen Befehle deutlich hervor. Die Befehle sind normalerweise als separate Skripten im PS1-Format implementiert. Somit können sie auch gut als Vorlage für eigene Skripten genutzt werden. Die folgende Tabelle zeigt die Modulnamen, ihre Beschreibung sowie die Anzahl der Befehle, die Ihnen damit zur Verfügung stehen.

Tabelle 23: Die Module des PowerShellPack

Modulname	Beschreibung	Befehle
FileSystem	Datei- und Ordnerüberwachung, Dubletten- und Plattenplatzprüfung	9
IsePack	Erweiterungen für die ISE, hauptsächlich Shortcuts	39
TaskScheduler	Auflisten, Erzeugen und Löschen von geplanten Aufgaben	10
WPK	Erzeugen von grafischen Oberflächen mit der PowerShell wie mit HTA, nur besser	716
DotNet	Zugriff auf die geladenen Typen; Herausfinden, welche Befehle auf die Typen angewendet werden können; Erarbeiten, wie PowerShell, DotNet und COM zusammenarbeiten können	3
PSImageTools	Umwandeln, drehen, beschneiden bzw. vergrößern oder verkleinern von Bildern sowie Zugriff auf die Metadaten	10
PSRss	Befehle, um mit dem FeedStore zu arbeiten	6
PSCodeGen	Erzeugen von PowerShell-Skripten sowie C#-Code und PInvoke-Aufrufe	3
PSUserTools	Zugriff auf die Benutzerkonten des lokalen Systems, Prüfung auf »elevation« und Starten von Prozessen als Administrator	4
PSSystemTools	Auslesen von Betriebssystem- und Hardwareinformationen	13

Hilfe zu den einzelnen Befehlen können Sie über das bewährte Cmdlet *Get-Help* bekommen, also z.B. mit `Get-Help Get-Image`.

Integration in Produkte

Neben der Erweiterung für die Verwaltung von Servern kann über die Integration der PowerShell in die Serverprodukte Durchgängigkeit in der Administration sichergestellt werden.

Active Directory

Das Modul *Active Directory* stellt einen Satz von 76 Cmdlets zur Verwaltung des AD bereit. Das neue, zur PowerShell-Version 3.0 gehörende Modul liefert Ihnen 135 Cmdlets.

Zusätzlich wird mit diesem Modul ein Provider für das Active Directory eingebunden. Damit kann die Domäne als Laufwerk verbunden werden. Der Standardlaufwerksbezeichner ist *AD*. So kann mit dem einfachen Befehl `cd AD:` in das Active Directory gewechselt werden, als würden Sie zwischen Laufwerken im Dateisystem wechseln. Der Prompt ändert sich auf `PS AD:\>` und zeigt so das neue Laufwerk an.

Dieses Laufwerk arbeitet aber nach wie vor mit den LDAP-Pfaden in der X.500-Notation. Wenn Sie mit den sog. kanonischen Namen arbeiten möchten, müssen Sie ein neues Laufwerk einbinden. Der Befehl dazu lautet

```
New-PSDrive -Name ADCanonical -PSProvider ActiveDirectory
-FormatType Canonical -root ""
```

Erst in diesem Laufwerk können Sie anstelle von `cd "dc=contoso,dc=com"` mit `cd contoso.com` in das Hauptverzeichnis der Domäne wechseln.

Um in den Genuss der neuen Cmdlets zu kommen, müssen Sie unter Windows Server 2008 R2 die Rolle *Active Directory Directory Services* (AD DS) installieren. Alternativ kann die Rolle *Active Directory Lightweight Directory Services* (AD LDS) gewählt werden. Danach ist in den »Features« *Remote Server Administration Tools* (RSAT) mit allen Teiloptionen zu aktivieren. Natürlich kann zur Installation bereits die PowerShell zum Einsatz kommen. Dazu muss zuerst das Modul zur Serververwaltung geladen werden. Das geschieht mit dem

Befehl `Import-Module Servermanager`. Danach installieren Sie die neuen Cmdlets mit dem Befehl `Add-WindowsFeature-Name "RSAT-AD-PowerShell" -IncludeAllSubFeature`. Das Cmdlet *Add-Windows-Feature* stammt aus dem Modul *ServerManager*. Zusätzlich wird ein installiertes .NET Framework 3.5 SP1 benötigt.

Um jetzt endgültig die neuen Cmdlets nutzen zu können, muss das Modul mit dem Befehl `Import-Module ActiveDirectory` geladen werden. Während des Ladevorgangs wird ein Windows-Dialog mit einem Fortschrittsbalken angezeigt. Bleibt dieser bei 50 Prozent stehen, stimmt die Namensauflösung nicht. Wenn das Modul erfolgreich geladen wurde, wird das Laufwerk *AD* als Standardlaufwerk verbunden. Andernfalls wird Ihnen dieser Text angezeigt: »*WARNUNG: Fehler beim Initialisieren des Standardlaufwerks: "Es wurde kein Standardserver gefunden, auf dem die Active Directory-Webdienste ausgeführt werden"*.« Dafür kann es mehrere Gründe geben. Entweder ist der neue Dienst *Active Directory Web Services* (ADWS) auf dem Zielsystem nicht gestartet, oder er ist dort nicht installiert. Alternativ kann auch der Port (TCP 9389) zum Service geblockt sein. Die Cmdlets und der Provider wurden aber trotzdem erfolgreich geladen. Wenn die Verbindungsprobleme gelöst sind, können Sie das Laufwerk manuell verbinden. Dazu dient der folgende Befehl: `New-PSDrive -PSProviderActiveDirectory -Name AD -Root "" -Server "server.domain.tld"`. Gegebenenfalls müssen Sie den Befehl noch um den Schalter `-Credential (get-credential)` ergänzen, um das Laufwerk mit einem administrativen Konto zu verbinden.

TIPP

Um sich anzeigen zu lassen, welche neuen Cmdlets Ihnen jetzt zur Verfügung stehen, geben Sie diesen Befehl ein:

```
(Get-Module ActiveDirectory).ExportedCommands |
format-table -AutoSize
```

Nachdem Ihnen jetzt die neuen Cmdlets zur Verfügung stehen, können Sie über die PowerShell Objekte im Active Directory anlegen, verwalten und löschen. So legt z.B. dieser Befehl ein neues Benutzerkonto an:

```
New-ADUser -Name "MarkEting" -SamAccountName "MarkEting" -
GivenName "Mark" -Surname "Eting" -DisplayName "MarkEting" -
Path 'ou=Marketing,DC=domain,DC=tld' -OtherAttributes @{'msDS-
PhoneticDisplayName'="EtingMark"}.
```

Oder Sie legen mit diesem Befehl eine neue Gruppe an:

```
New-ADGroup -Name "Marketing" -SamAccountName"Marketing" -
GroupCategory Security -GroupScope Global -DisplayName
"Marketing" -Path " 'ou=Marketing,DC=domain,DC=tld' -
Description "Marketing Gruppe".
```

Besonders einfach wird das Hinzufügen von Benutzern zu Gruppen mithilfe des Cmdlet *Add-ADGroupMember*. Der Befehl lautet `Add-ADGroupMember Marketing MarkEting`.

Während die bisher genannten Cmdlets für die Kontenverwaltung genutzt werden, gibt es noch weitere Cmdlets, die für die Topologieverwaltung bzw. das Management aller weiteren Active Directory-Objekte eingesetzt werden können.

Im Anhang finden Sie eine Gegenüberstellung von Befehlen, wie sie mit bisherigen Werkzeugen wie DCGET oder REPADMIN genutzt wurden, mit den Aufrufen, durch die sie mit den Active Directory-Cmdlets ersetzbar sind. Die Liste wurde freundlicherweise von einem Microsoft-Kollegen für das Buch zur Verfügung gestellt. An dieser Stelle vielen Dank dafür an Mr. Ashley McGlone, Microsoft Premier Field Engineer (*http://blogs.technet.com/b/ashleymcglone*).

Exchange

Microsoft Exchange war in der Version 2007 das erste Serverprodukt, das die PowerShell unterstützte. In der Version 2010 ist die Integration noch besser geworden. Einige der Produktfunktionalitäten können nach wie vor nur über die *Exchange Management Shell*, wie die Verknüpfung im Startmenü heißt, angesprochen bzw. konfiguriert werden. Je nach Servicepack bzw. Rollup-Fix kann sich das jedoch ändern.

Um von Ihrem Arbeitsplatz aus Ihre Exchange Server über die PowerShell zu verwalten, benötigen Sie die Verwaltungstools. Sie müssen diese über das Exchange Server Setup von der Produkt-CD installieren.

TIPP

Für die Installation muss Ihr Rechner Mitglied einer Domäne sein und diese während der Installation erreichen können. Als Voraussetzung müssen das .NET Framework und die PowerShell in der Version 2 bereits installiert sein.

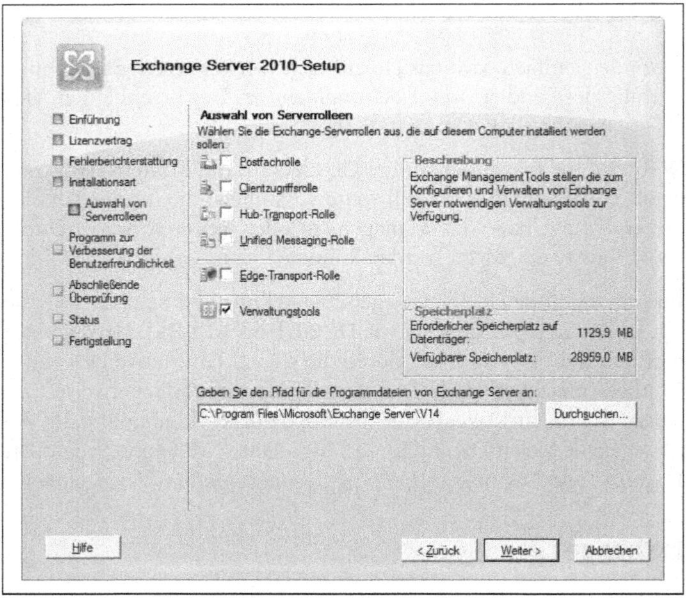

Abbildung 9: Exchange-2010-Verwaltungstools lokal installieren

Beim Start über die Verknüpfung der Management Shell wird eine normale PowerShell mit einer zusätzlichen Konsolendatei vom Typ *PSC1* gestartet. Diese sorgt für die notwendige Einbindung aller Exchange-relevanten Snap-ins sowie der Exchange-Alias-Definitionen und -Variablen. Es gibt aber keinen eigenen Provider für Exchange!

Innerhalb dieser angepassten Konsole können Sie die produktspezifischen Cmdlets mit `Get-ExCommand` angezeigt bekommen.

Um über die PowerShell die Verbindung zur Remoteverwaltung zu testen, können Sie das folgende Skript nutzen:

```
$Cred = Get-Credential
# die nächsten Zeilen bis $cred
# in eine Zeile schreiben
$ExSession = New-PSSession -ConfigurationNameMicrosoft.Exchange
-ConnectionUri https://<servername.domain.tld>/powershell
-authkerberos -Credential $Cred

Import-PSSession $ExSession
Invoke-Command $ExSession {Get-Recipient -ResultSize 1}
```

Für den Exchange Server 2013 sowie für Exchange Online wurde der Umfang der Cmdlets nochmals deutlich erweitert. Eine Liste der Cmdlets, sortiert nach Themengebiet, finden Sie unter *http://technet.microsoft.com/de-de/library/bb124413.aspx*.

Wenn Sie in Exchange 2013 einsetzen, ist die Onlinedokumentation zur Verwaltungsshell ein guter Startpunkt, um die Neuerungen und Möglichkeiten kennenzulernen. Sie finden die Dokumentation unter *http://technet.microsoft.com/de-de/library/jj619302.aspx*.

SQL

Seit der Version 2008 unterstützt der SQL-Server die PowerShell. Die Implementierung bringt einen eigenen SQL-Provider, aber nur sehr wenige Cmdlets mit. Der auffälligste Unterschied zu anderen Produkten ist die sogenannte *Minishell*. Das ist eine angepasste Version der PowerShell, die eigens mit der Installation von SQL auf Ihr System kommt. Zukünftige Versionen des SQL-Servers werden von dieser Art der Implementierung abweichen und ein eigenes Modul installieren.

Es gibt zwei Möglichkeiten, die Minishell zu starten. Die erste führt über das Management Studio des SQL-Servers. Das Kontextmenü von verschiedenen Knoten in der Baumstruktur zeigt den Eintrag *Start PowerShell*. Die zweite Möglichkeit geht über das Dateisystem. Im Installationsverzeichnis finden Sie im Ordner *Tools/Binn* die Datei *SQLPS.exe*.

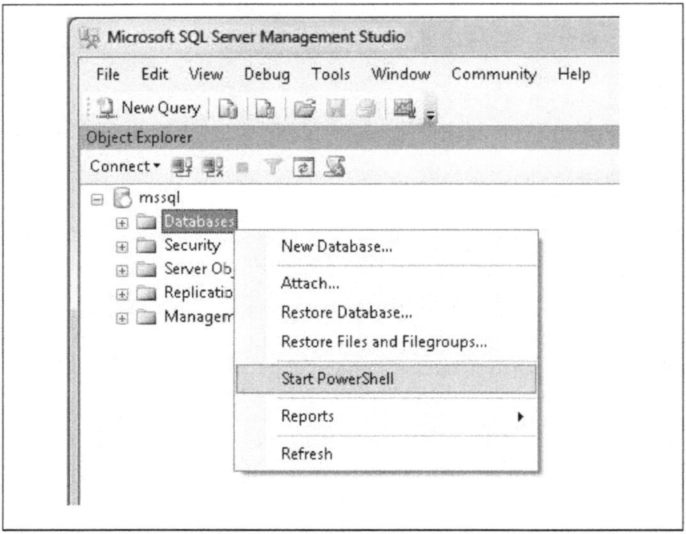

Abbildung 10: SQL Kontextmenü zum Starten der PowerShell

Diese Shell hat ein etwas anderes Laufzeitverhalten als die »normale« PowerShell. Beim Start versucht sie, über RPC eine Verbindung zu dem SQL-Server herzustellen, aus dessen Kontext im Management Studio heraus sie gestartet wurde. Das macht die direkt gestartete *SQLPS.exe* nicht.

Nach dem Start steht der Prompt der Shell auf dem neuen Laufwerk SQLServer. Der Befehl `DIR` listet alle Unterstrukturen auf, die von dort aus angesprochen werden können. Mit `CD` wechseln Sie in die einzelnen Unterstrukturen.

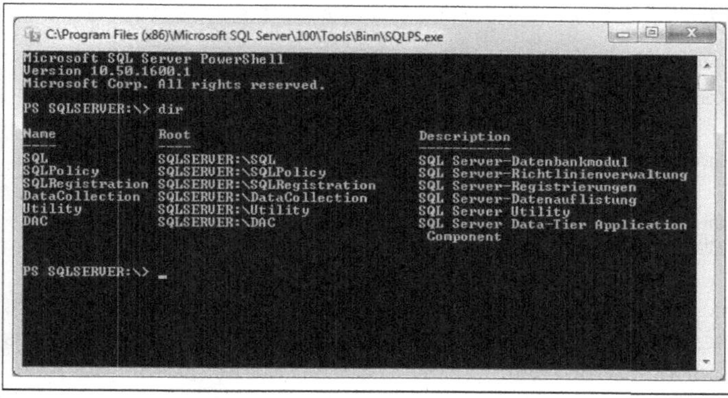

Abbildung 11: Das Laufwerk SQLServer

Dabei wird deutlich, dass die Implementierung der SQL-PowerShell nicht primär auf die Arbeit innerhalb der Datenbanken ausgerichtet ist, sondern auf den übergreifenden Verwaltungsaspekt der SQL-Instanzen adressiert. Nachfolgend ein paar der wichtigsten SQL-Cmdlets und ihr Verwendungszweck.

Tabelle 24: Einige SQL-Cmdlets in der Übersicht

SQL-Cmdlet	Verwendungszweck
Encode-SqlName	Wandelt spezielle Zeichen in SQL-Namen in PowerShell-lesbare Formate um. Die Zeichen \:/%<>*?[]| werden beachtet.
Decode-SqlName	Wandelt spezielle Zeichen in SQL-Namen zurück. Folgende Zeichen werden beachtet: %5C wird zu \ %3A wird zu : %2F wird zu / %25 wird zu % %3C wird zu < %3E wird zu > %2A wird zu * %3F wird zu ? %5B wird zu [%5D wird zu] %7C wird zu |

Tabelle 24: Einige SQL-Cmdlets in der Übersicht (Fortsetzung)

SQL-Cmdlet	Verwendungszweck
Convert-UrnToPath	Wandelt einen *SQL Server Management Object Uniform Resource Name* (URN) in einen SQL-Server-Providerpfad um.
Invoke-Sqlcmd	Startet ein Skript, das die Sprache und die Befehle des SQL-Serverwerkzeugs *sqlcmd* enthält.
Invoke-PolicyEvaluation	Wertet eine oder mehrere Management-Richtlinien gegen eine Liste von SQLServer-Objekten aus.

Sie können eine SQL-Datenbank gezielt als Laufwerk verbinden. Das folgende Skript bindet die AdventureWorks-Datenbank als Laufwerk *AWDB* ein:

```
New-PSDrive -Name AWDB -Root SQLSERVER:\SQL\MyComputer\DEFAULT\
Databases\AdventureWorks -PSProvider SQLServer
```

In der gestarteten SQL-PowerShell bekommen Sie die Liste der neuen Cmdlets mit den folgenden Befehl angezeigt:

```
get-command -CommandType cmdlet -Module sqlps,sqlascmdlets |
group-object -Property verb
```

Mit SQL Server 2012 und der PowerShell verhält es sich deutlich anders. Die Minishell wurde nicht weiterentwickelt und an ihre Stelle ist das Modul *sqlps* getreten. Damit ist die Verwaltung von SQL-Instanzen ab mindestens der Version SQL Server 2000 SP4 möglich. Für SQL Server 2005 muss mindestens das Service Pack 2 installiert sein. Danach stehen maximal die für diese Versionen verfügbaren Funktionen auch über die PowerShell zur Verfügung.

Bei der Nutzung des Moduls ist zu beachten, dass ein zusätzlicher Schalter des Cmdlet *Import-Module* genutzt werden muss. Der Aufruf sieht dann so aus:

```
Import-Module sqlps -DisableNameChecking
```

Die Nutzung der PowerShell aus dem SQL Management Studio heraus führt diesen Befehl im Hintergrund aus und setzt den Pfad auch sofort auf das ausgewählte Objekt.

Die gesamte Hilfe zur PowerShell in SQL Server 2012 finden Sie unter *http://msdn.microsoft.com/de-de/library/hh245198.aspx*.

Referenz

Die folgende Referenz stellt eine Kernreferenz für einige der vielseitigen Bereiche der PowerShell dar – und der umfassenden Technologien, mit denen Sie mit der PowerShell zusammenarbeiten können.

Reguläre Ausdrücke

Reguläre Ausdrücke spielen bei den meisten Aufgaben, bei denen Text durchsucht und gegeneinander abgeglichen wird, eine zentrale Rolle. Sie bilden einen wichtigen Unterbau für den `-match`-Operator, die `switch`-Anweisung, das Cmdlet *Select-String* und Vieles mehr.

In den folgenden Abschnitten erhalten Sie einen Überblick darüber, wie Sie reguläre Ausdrücke mit der PowerShell einsetzen können. Die Sprachsyntax der regulären Ausdrücke wurde dabei in einzelne Themenbereiche aufgeteilt und in Tabellen mit zahlreichen Beispielen zusammengefasst.

Zeichenklassen

Tabelle 25 zeigt, welche Möglichkeiten es bei der Arbeit mit der PowerShell gibt, um mit regulären Ausdrücken verschiedene Zeichenklassen abzubilden. Mit Zeichenklassen können Muster festgelegt werden, die eine Reihe von Zeichen repräsentieren.

Tabelle 25: Zeichenklassen

Zeichenklasse	Entsprechungen

`.`	Alle Zeichen mit Ausnahme eines Newline. Wenn der reguläre Ausdruck die Option `SingleLine` verwendet, entspricht das jedem Zeichen.
	`PS >"T" -match "."`
	`True`

`[Zeichen]`	Ein beliebiges Zeichen in eckigen Klammern, zum Beispiel `[aeiou]`.
	`PS >"Test" -match "[Tes]"`
	`True`

Tabelle 25: Zeichenklassen (Fortsetzung)

Zeichenklasse	Entsprechungen

`[^Zeichen]`	Ein beliebiges Zeichen, das sich nicht in eckigen Klammern befindet, zum Beispiel `[^aeiou]`.
	`PS >"Test" -match "[^Tes]"`
	`False`

`[Start-Ende]`	Alle Zeichen zwischen den Zeichen `Start` und `Ende`, jeweils inklusive. Sie können auch mehrere Zeichenbereiche in eckigen Klammern angeben, zum Beispiel `[a-eh-j]`.
	`PS >"Test" -match "[e-t]"`
	`True`

`[^Start-Ende]`	Alle Zeichen, die sich nicht zwischen den Zeichenbereichen von `Start` bis `Ende` befinden (inklusive). Sie können auch mehrere Zeichenbereiche in eckigen Klammern angeben, zum Beispiel `[^a-eh-j]`.
	`PS >"Test" -match "[^e-t]"`
	`False`

`\p{Zeichenklasse}`	Alle Zeichen in der Unicode-Gruppe oder im Blockbereich, der durch `{Zeichenklasse}` angegeben wird.
	`PS >"+" -match "\p{Sm}"`
	`True`

`\P{Zeichenklasse}`	Alle Zeichen, die sich nicht in der Unicode-Gruppe oder im Blockbereich befinden, der durch `{Zeichenklasse}` angegeben wird.
	`PS >"+" -match "\P{Sm}"`
	`False`

`\w`	Jedes Wortzeichen.
	`PS >"a" -match "\w"`
	`True`

`\W`	Jedes Nicht-Wortzeichen.
	`PS >"!" -match "\W"`
	`True`

`\s`	Jedes Whitespace-Zeichen.
	``PS >"`t" -match "\s"``
	`True`

`\S`	Jedes Nicht-Whitespace-Zeichen.
	``PS >" `t" -match "\S"``
	`False`

Tabelle 25: Zeichenklassen (Fortsetzung)

Zeichenklasse	Entsprechungen

`\d`	Jede Dezimalziffer.
	`PS >"5" -match "\d"`
	`True`

`\D`	Jede Nicht-Dezimalziffer.
	`PS >"!" -match "\D"`
	`True`

Quantifizierer

Mit Quantifizierern können Sie innerhalb eines regulären Ausdrucks angeben, wie oft ein Suchmuster innerhalb des zu überprüfenden Ausdrucks vorkommen soll. Tabelle 26 zeigt Ihnen, welche Quantifizierer Ihnen in der PowerShell für reguläre Ausdrücke zur Verfügung stehen.

Tabelle 26: Quantifizierer

Quantifizierer	Bedeutung

<keiner>	Eine Übereinstimmung.
	`PS >"T" -match "T"`
	`True`

`*`	Keine oder mehrere Übereinstimmungen, wobei so viel wie möglich abgeglichen wird.
	`PS >"A" -match "T*"`
	`True`
	`PS >"TTTTT" -match "^T*$"`
	`True`

`+`	Eine oder mehrere Übereinstimmungen, wobei so viel wie möglich abgeglichen wird.
	`PS >"A" -match "T+"`
	`False`
	`PS >"TTTTT" -match "^T+$"`
	`True`

`?`	Keine oder eine Übereinstimmung, wobei so viel wie möglich abgeglichen wird.
	`PS >"TTTTT" -match "^T?$"`
	`False`

Tabelle 26: Quantifizierer (Fortsetzung)

Quantifizierer	Bedeutung

`{n}`	Genau n Übereinstimmungen.
	`PS >"TTTTT" -match "^T{5}$"`
	`True`

`{n,}`	n oder mehr Übereinstimmungen, wobei so viel wie möglich abgeglichen wird.
	`PS >"TTTTT" -match "^T{4,}$"`
	`True`

`{n,m}`	Zwischen n und m Übereinstimmungen (inklusive), wobei so viel wie möglich abgeglichen wird.
	`PS >"TTTTT" -match "^T{4,6}$"`
	`True`

`*?`	Keine oder eine Übereinstimmung, wobei so wenig wie möglich abgeglichen wird.
	`PS >"A" -match "^AT*?$"`
	`True`

`+?`	Eine oder mehr Übereinstimmungen, wobei so wenig wie möglich abgeglichen wird.
	`PS >"A" -match "^AT+?$"`
	`False`

`??`	Keine oder eine Übereinstimmung, wobei so wenig wie möglich abgeglichen wird.
	`PS >"A" -match "^AT??$"`
	`True`

`{n}?`	Genau n Übereinstimmungen.
	`PS >"TTTTT" -match "^T{5}?$"`
	`True`

`{n,}?`	n oder mehr Übereinstimmungen, wobei so wenig wie möglich abgeglichen wird.
	`PS >"TTTTT" -match "^T{4,}?$"`
	`True`

`{n,m}?`	Zwischen n und m Übereinstimmungen (inklusive), wobei so wenig wie möglich abgeglichen wird.
	`PS >"TTTTT" -match "^T{4,6}?$"`
	`True`

Gruppierungskonstrukte

Ausdrücke können mit runden Klammern gruppiert und zusammengefasst werden. Diese Gruppierungskonstrukte bilden sogenannte *Captures*, die entweder mit einer Nummer oder mit einem Namen benannt werden. Tabelle 27 zeigt die Möglichkeiten, mit denen mit der PowerShell Zeichen, Muster und andere Ausdrücke gruppiert werden können.

Tabelle 27: Gruppierungskonstrukte

<table>
<tr><th>Gruppierungskonstrukt</th><th>Beschreibung</th></tr>
<tr><td>()</td><td>Erfasst den Text, der innerhalb der runden Klammern übereinstimmt. Diese Captures werden mit einer Nummer benannt (ausgehend von eins), die auf der Reihenfolge der öffnenden runden Klammern basiert.<pre>PS >"Hello" -match "^(.*)llo$";
$matches[1]
True
He</pre></td></tr>
<tr><td>(?<Name>)</td><td>Erfasst den Text, der innerhalb der runden Klammern übereinstimmt. Diese Captures werden mit dem in Name angegebenen Namen benannt.<pre>PS >"Hello" -match "^(?<One>.*)llo$";
$matches.One
True
He</pre></td></tr>
<tr><td>(?<Name1-Name2>)</td><td>Ausgleichsgruppendefinition. Hierbei handelt es sich um ein erweitertes Konstrukt regulärer Ausdrücke, das Ihnen den Abgleich symmetrischer Begriffspaare ermöglicht.</td></tr>
<tr><td>(?:)</td><td>Nicht aufzeichnende Gruppe.<pre>PS >"A1" -match "((A|B)\d)"; $matches
True

Name   Value
----   -----
2   A
1   A1
0   A1

PS >"A1" -match "((?:A|B)\d)"; $matches
True</pre></td></tr>
</table>

Tabelle 27: Gruppierungskonstrukte (Fortsetzung)

Gruppierungskonstrukt	Beschreibung

	`Name Value`
	`---- -----`
	`1 A1`
	`0 A1`

`(?imnsx-imnsx: )`	Aktiviert oder deaktiviert für diese Gruppe die angegebene Option. Unterstützte Optionen sind: `i` keine Groß- und Kleinschreibung `m` Mehrzeilenmodus `n` explizite Gruppen `s` Einzeilenmodus `x` Whitespace ignorieren `PS >"Te`nst" -match "(T e.st)"` `False` `PS >"Te`nst" -match "(?sx:T e.st)"` `True`

`(?= )`	Positive Lookahead-Assertion mit einer Breite von null. Stellt sicher, dass das angegebene Muster mit der rechten Seite übereinstimmt, allerdings ohne dabei tatsächlich den Abgleich durchzuführen.
	`PS >"555-1212" -match "(?=...-)(.*)"; $matches[1]`
	`True`
	`555-1212`

`(?! )`	Negative Lookahead-Assertion mit einer Breite von null. Stellt sicher, dass das angegebene Muster nicht mit der rechten Seite übereinstimmt, allerdings ohne dabei tatsächlich den Abgleich durchzuführen.
	`PS >"friendly" -match "(?!friendly)friend"`
	`False`

`(?<= )`	Positive Lookbehind-Assertion mit einer Breite von null. Stellt sicher, dass das angegebene Muster mit der linken Seite übereinstimmt, allerdings ohne dabei tatsächlich den Abgleich durchzuführen.
	`PS >"public int X" -match "^.*(?<=public )int .*$"`
	`True`

Tabelle 27: Gruppierungskonstrukte (Fortsetzung)

Gruppierungskonstrukt	Beschreibung

`(?<! )`	Negative Lookbehind-Assertion mit einer Breite von null. Stellt sicher, dass das angegebene Muster nicht mit der linken Seite übereinstimmt, allerdings ohne dabei tatsächlich den Abgleich durchzuführen.
	`PS >"private int X" -match "^.*(?<!private )int .*$"`
	`False`

`(?> )`	Nicht zurückverfolgende Teilausdrücke. Führt nur dann zur Übereinstimmung, wenn dieser Teilausdruck vollständig abgeglichen werden kann.
	`PS >"Hello World" -match "(Hello.*)orld"`
	`True`
	`PS >"Hello World" -match "(?>Hello.*)orld"`
	`False`
	Die nicht zurückverfolgende Version des Teilausdrucks stimmt nicht überein, da die vollständige Übereinstimmung »Hello World« wäre.

Atomare Assertionen der Breite null

Mit den regulären Ausdrücken der PowerShell können Sie auch Muster festlegen, die vorgeben, wo sich die Übereinstimmung beim Musterabgleich befinden soll. In Tabelle 28 werden diese sogenannten atomaren Assertionen der Breite null aufgeführt, die Ihnen in den regulären Ausdrücken der PowerShell zur Verfügung stehen.

Tabelle 28: Atomare Assertionen mit einer Breite von null

Assertion	Einschränkung

`^`	Der Vergleich muss am Anfang der Zeichenkette erfolgen (oder am Anfang der Zeile, wenn die `Multiline`-Option aktiv ist).
	`PS >"Test" -match "^est"`
	`False`

`$`	Der Vergleich muss am Ende der Zeichenkette erfolgen (oder am Ende der Zeile, wenn die `Multiline`-Option aktiv ist).
	`PS >"Test" -match "Tes$"`
	`False`

Tabelle 28: Atomare Assertionen mit einer Breite von null (Fortsetzung)

Assertion	Einschränkung
`\A`	Der Vergleich muss am Anfang der Zeichenkette erfolgen. `PS >"The`nTest" -match "(?m:^Test)"` `True` `PS >"The`nTest" -match "(?m:\ATest)"` `False`

`\Z`	Der Vergleich muss am Ende der Zeichenkette oder vor einem `\n` am Ende der Zeichenkette erfolgen.
	`PS >"The`nTest`n" -match "(?m:The$)"`
	`True`
	`PS >"The`nTest`n" -match "(?m:The\Z)"`
	`False`
	`PS >"The`nTest`n" -match "Test\Z"`
	`True`

`\z`	Der Vergleich muss am Ende der Zeichenkette erfolgen.
	`PS >"The`nTest`n" -match "Test\z"`
	`False`

`\G`	Der Vergleich muss an der Stelle erfolgen, an der der vorangegangene Vergleich beendet wurde. Wird mit der Methode `System.Text.RegularExpressions.Match.NextMatch()` eingesetzt.

`\b`	Der Vergleich muss an einer Wortgrenze erfolgen – beim ersten oder letzten Zeichen von Wörtern, die durch nicht alphanumerische Zeichen voneinander getrennt sind.
	`PS >"Testing" -match "ing\b"`
	`True`

`\B`	Der Vergleich darf nicht an einer Wortgrenze erfolgen.
	`PS >"Testing" -match "ing\B"`
	`False`

Ersetzungsmuster

Muster, die in regulären Ausdrücken für Ersetzungsoperationen eingesetzt werden, werden Ersetzungsmuster genannt. Tabelle 29 führt die Ersetzungsmuster auf, die Ihnen in den regulären Ausdrücken der PowerShell zur Verfügung stehen.

Tabelle 29: Ersetzungsmuster

Muster	Ersetzung
$Zahl	Der Text, der mit der Gruppennummer <Zahl> übereinstimmt. PS >"Test" -replace "(.*)st",'$1ar' Tear

${Name}	Der Text, der mit dem Gruppennamen <Name> übereinstimmt.
	PS >"Test" -replace "(?<pre>.*)st",'${pre}ar'
	Tear

$$	Ein $-Literal. PS >"Test" -replace ".",'$$' $$$$
$&	Eine Kopie der gesamten Übereinstimmung. PS >"Test" -replace "^.*$",'Found: $&' Found: Test
$`	Der Text der Eingabezeichenfolge vor der Übereinstimmung. PS >"Test" -replace "est$",'Te$`' TTeT
$'	Der Text der Eingabezeichenfolge nach der Übereinstimmung. PS >"Test" -replace "^Tes",'Res$''' Restt
$+	Die zuletzt erfasste Gruppe. PS >"Testing" -replace "(.*)ing",'$+ed' Tested
$_	Die gesamte Eingabezeichenfolge. PS >"Testing" -replace "(.*)ing",'String: $_' String: Testing

Alternierungskonstrukte

Mit Alternierungskonstrukten geben Sie reguläre Ausdrücke an, mit denen Sie Entweder/oder-Vergleiche durchführen können. Tabelle 30 zeigt Ihnen die Möglichkeiten, die Sie dafür mit der PowerShell haben.

Tabelle 30: Alternierungskonstrukte

<table>
<tr><th>Alternierungskonstrukt</th><th>Beschreibung</th></tr>
<tr><td>|</td><td>Entspricht einem der Begriffe, die durch den senkrechten Balken getrennt werden.
PS >"Test" -match "(B|T)est"
True</td></tr>
<tr><td>(?(Ausdruck)ja|nein)</td><td>Entspricht dem ja-Teil, wenn der Ausdruck an dieser Stelle übereinstimmt. Ansonsten entspricht es dem nein-Teil. Der nein-Teil kann weggelassen werden.
PS >"3.14" -match "(?(\d)3.14|Pi)"
True
PS >"Pi" -match "(?(\d)3.14|Pi)"
True
PS >"2.71" -match "(?(\d)3.14|Pi)"
False</td></tr>
<tr><td>(?(Name)ja|nein)</td><td>Entspricht dem ja-Teil, wenn die benannte Capture-Gruppe mit dem Namen Name an dieser Stelle eine Übereinstimmung besitzt. Ansonsten entspricht es dem nein-Teil. Der nein-Teil kann weggelassen werden.
PS >"123" -match "(?<one>1)?
(?(one)23|234)"
True
PS >"23" -match "(?<one>1)?
(?(one)23|234)"
False
PS >"234" -match "(?<one>1)?
(?(one)23|234)"
True</td></tr>
</table>

Rückverweiskonstrukte

Rückverweiskonstrukte sind Ausdrücke, die sich auf eine Capture-Gruppe innerhalb des Ausdrucks beziehen. Tabelle 31 führt die Rückverweiskonstrukte auf, die Ihnen bei der PowerShell zur Verfügung stehen.

Tabelle 31: Rückverweiskonstrukte

<table>
<tr><th>Rückverweiskonstrukt</th><th>Bezieht sich auf</th></tr>
<tr><td>\Zahl</td><td>Gruppennummer Zahl im Ausdruck.
PS >"|Text|" -match "(.)Text(\1)"
True
PS >"|Text+" -match "(.)Text(\1)"
False</td></tr>
<tr><td>\k<Name></td><td>Die Gruppe mit dem Namen Name im Ausdruck.
PS >"|Text|" -match "(?<Symbol>.)
Text(\k<Symbol>)"
True
PS >"|Text+" -match "(?<Symbol>.)
Text(\k<Symbol>)"
False</td></tr>
</table>

Sonstige Konstrukte

Weitere Ausdrücke, die einen regulären Ausdruck verändern, finden Sie in Tabelle 32.

Tabelle 32: Sonstige Konstrukte

<table>
<tr><th>Konstrukt</th><th>Beschreibung</th></tr>
<tr><td>(?imnsx-imnsx)</td><td>Aktiviert bzw. deaktiviert die angegebenen Optionen für den Rest dieses Ausdrucks. Unterstützte Optionen sind:
i keine Groß- und Kleinschreibung
m Mehrzeilenmodus
n explizite Gruppen
s Einzeilenmodus
x ignoriert Whitespace
PS >"Te`nst" -match "(?sx)T e.st"
True</td></tr>
<tr><td>(?#)</td><td>Inline-Kommentar. Endet bei der ersten schließenden runden Klammer.
PS >"Test" -match "(?# Match 'Test')Test"
True</td></tr>
<tr><td># [bis Zeilenende]</td><td>Form eines Kommentars, der erlaubt ist, wenn bei dem regulären Ausdruck die Option IgnoreWhitespace aktiviert ist.
PS >"Test" -match "(?x)Test # Matches
Test"
True</td></tr>
</table>

Escape-Zeichen

Bei Escape-Zeichen handelt es sich um Zeichenfolgen, die ein anderes Zeichen repräsentieren. Tabelle 33 führt die unter der PowerShell zur Verfügung stehenden Escape-Zeichen auf.

Tabelle 33: Escape-Zeichen

Escape-Zeichen	Übereinstimmung
<normales Zeichen>	Andere Zeichen als . $ ^ { [(|) * + ?\ stehen für sich selbst.
\a	Ein Klingelzeichen (Alarm) \u0007.
\b	Ein Backspace \u0008, wenn es sich in einer [ ]-Zeichenklasse befindet. In einem regulären Ausdruck kennzeichnet \b eine Wortgrenze (zwischen den Zeichen \w und \W), außer innerhalb einer [ ]-Zeichenklasse, in der sich \b auf das Backspace-Zeichen bezieht. In einem Ersetzungsmuster stellt \b immer einen Backspace dar.
\t	Ein Tabulator \u0009.
\r	Ein Carriage Return \u000D.
\v	Ein vertikaler Tabulator \u000B.
\f	Ein Seitenvorschub \u000C.
\n	Eine neue Zeile \u000A.
\e	Ein Escape-Zeichen \u001B.
\ddd	Ein ASCII-Zeichen als Oktalzahl (bis zu drei Stellen). Zahlen ohne vorangestellte Null werden als Rückverweise behandelt, wenn sie nur eine Ziffer enthalten oder einer Capture-Gruppennummer entsprechen.
\xdd	Ein ASCII-Zeichen in hexadezimaler Darstellung (genau zwei Stellen).
\cC	Ein ASCII-Steuerzeichen; \cC entspricht beispielsweise Strg-C.
\udddd	Ein Unicode-Zeichen in hexadezimaler Darstellung (genau vier Stellen).
\	Folgt diesem Zeichen ein Zeichen, das nicht als Escape-Zeichen erkannt wird, entspricht es diesem Zeichen. Beispielsweise entspricht * dem literalen Zeichen *.

Automatische Variablen der PowerShell

Die PowerShell legt eine Reihe von Variablen fest, die von ihr automatisch gesetzt und auch verwendet werden. Diese Variablen werden automatische Variablen genannt und besitzen abhängig von ihrem Kontext innerhalb der Shell eine Sonderbedeutung. So wird beispielsweise in der Variablen `$psHome` das Installationsverzeichnis der PowerShell abgespeichert:

```
PS> $psHome
C:\WINDOWS\system32\WindowsPowerShell\v1.0
```

Tabelle 34 gibt einen Überblick über die automatischen Variablen der PowerShell sowie ihre Bedeutung.

Tabelle 34: Automatische Variablen der Windows PowerShell

Variable	Bedeutung
`$$`	Das letzte von der Shell empfangene Token der letzten Zeile.
`$?`	Erfolg/Fehler-Status der letzten Operation.
`$^`	Das erste von der Shell empfangene Token der letzten Zeile.
`$_`	Das aktuelle Pipeline-Objekt in einem Skriptblock, der durch die Pipeline läuft.
`$args`	Array mit Parametern, die dem Skript, der Funktion oder dem Skriptblock übergeben wurden.
`$confirmPreference`	Präferenzeinstellung, die den Grad der Auswirkung steuert, die Operationen haben dürfen, bevor eine Bestätigung eingefordert wird. Unterstützt die Werte `low`, `medium`, `high`. Ein Wert von `none` deaktiviert die Bestätigungsmeldungen.
`$consoleFilename`	Dateiname der PowerShell-Konsolendatei, die diese Sitzung konfiguriert hat.
`$currentlyExecutingCommand`	Momentan ausgeführter Befehl, wenn er sich in einer zwischengeschalteten Eingabeaufforderung befindet.
`$debugPreference`	Präferenzeinstellung, die steuert, wie die PowerShell mit Debug-Ausgaben umgehen soll, die von einem Skript oder einem Cmdlet geschrieben wurden. Unterstützt die Werte `SilentlyContinue`, `Continue`, `Inquire` und `Stop`.
`$error`	Array, das die (terminating und nonterminating) Fehler enthält, die in der Shell generiert werden.

Tabelle 34: Automatische Variablen der Windows PowerShell (Fortsetzung)

Variable	Bedeutung
`$errorAction-Preference`	Präferenzeinstellung, die steuert, wie die PowerShell mit Fehlerausgaben umgehen soll, die von einem Skript oder einem Cmdlet geschrieben wurden. Unterstützt die Werte `SilentlyContinue`, `Continue`, `Inquire` und `Stop`.
`$errorView`	Präferenzeinstellung, die steuert, wie die PowerShell Fehler in der Shell ausgeben soll. Unterstützt die Werte `Normal` und `CategoryView` (eine knappere und kategorischere Ansicht des Fehlers).
$event	Enthält ein PSEventArgs-Objekt, das das zu verarbeitende Ereignis darstellt.
$EventSubscriber	Enthält ein PSEventSubscriber-Objekt, das den Ereignisabonnenten des zu verarbeitenden Ereignisses darstellt.
`$execution-Context`	Hilfsmittel, mit dem Skripten auf die APIs zugreifen können, die normalerweise von Cmdlets und Providern verwendet werden.
`$false`	Variable, die den Booleschen Wert `False` repräsentiert.
`$foreach`	Zähler innerhalb einer `foreach`-Schleife.
`$format-Enumeration-Limit`	Grenze, die angibt, wie tief die Formatierungs- und Ausgabeeinrichtungen in ein Objekt einsteigen dürfen, bevor sie ein Objekt ausgeben.
`$home`	Das Home-Verzeichnis des Benutzers.
`$host`	Hilfsmittel, mit dem Skripten auf die APIs und Implementierungsdetails des aktuellen Hosts und der Benutzerschnittstelle zugreifen können.
`$input`	Aktuelle Eingabe-Pipeline in einem Skriptblock, der durch eine Pipeline läuft.
`$lastExitCode`	Exit-Code des letzten Befehls – kann von Skripten explizit gesetzt werden und wird automatisch gesetzt, wenn native Executables aufgerufen werden.
`$logEngine-HealthEvent`	Präferenzeinstellung, die der PowerShell mitteilt, dass sie Zustandsereignisse wie Fehler oder Ausnahmefehler mitprotokollieren soll. Unterstützt die Werte `$true` und `$false`.
`$logEngine-LifecycleEvent`	Präferenzeinstellung, die der PowerShell mitteilt, dass sie Lebenszyklusereignisse wie Start und Stop mitprotokollieren soll. Unterstützt die Werte `$true` und `$false`.
`$logCommand-HealthEvent`	Präferenzeinstellung, die der PowerShell mitteilt, dass sie Zustandsereignisse von Befehlen wie Fehler oder Ausnahmefehler mitprotokollieren soll. Unterstützt die Werte `$true` und `$false`.

Tabelle 34: Automatische Variablen der Windows PowerShell (Fortsetzung)

Variable	Bedeutung
`$logCommand-LifecycleEvent`	Präferenzeinstellung, die der PowerShell mitteilt, dass sie Lebenszyklusereignisse von Befehlen wie Start und Stop mitprotokollieren soll. Unterstützt die Werte `$true` und `$false`.
`$logProvider-HealthEvent`	Präferenzeinstellung, die der PowerShell mitteilt, dass sie Zustandsereignisse der Provider wie Fehler und Ausnahmefehler mitprotokollieren soll. Unterstützt die Werte `$true` und `$false`.
`$logProvider-LifecycleEvent`	Präferenzeinstellung, die der PowerShell mitteilt, dass sie die Lebenszyklusereignisse von Providern wie Start und Stop mitprotokollieren soll. Unterstützt die Werte `$true` und `$false`.
`$maximumAlias-Count`	Beschränkung, wie viele Aliase festgelegt werden dürfen.
$matches	Die Variable "$Matches" wird mit den Operatoren -match und -notmatch verwendet.
`$maximumDrive-Count`	Beschränkung, wie viele Laufwerke festgelegt werden dürfen. Hierzu gehören nicht die Standard-Systemlaufwerke.
`$maximumError-Count`	Beschränkung, wie viele Fehlermeldungen die PowerShell in der Auflistung `$error` ablegen darf.
`$maximum-FunctionCount`	Beschränkung, wie viele Funktionen festgelegt werden dürfen.
`$maximumHistory Count`	Beschränkung, wie viele History-Einträge abgelegt werden dürfen.
`$maximum-VariableCount`	Beschränkung, wie viele Variablen festgelegt werden dürfen.
`$myInvocation`	Informationen über den Kontext, in dem das Skript, die Funktion oder der Skriptblock ausgeführt wurden. Hierzu gehören auch detaillierte Informationen über den Befehl (`MyCommand`) und das dadurch festgelegte Skript (`ScriptName`).
`$nestedPrompt-Level`	Verschachtelungsebene der aktuellen Eingabeaufforderung. Wird von Operationen, die einen verschachtelten Prompt ausgeben, hochgezählt (beispielsweise von `$host.EnterNestedPrompt()`) und von der `exit`-Anweisung heruntergezählt.
`$null`	Variable, die das Konzept von `Null` repräsentiert.
`$ofs`	Ausgabefeldseparator. Wird zwischen den Elementen platziert, wenn die PowerShell eine Liste als Zeichenkette ausgibt.
`$outputEncoding`	Zeichenkodierung, die eingesetzt wird, wenn Pipeline-Daten an externe Prozesse geschickt werden.

Tabelle 34: Automatische Variablen der Windows PowerShell (Fortsetzung)

Variable	Bedeutung
`$pid`	Prozess-ID der aktuellen PowerShell-Instanz.
`$profile`	Speicherort und Dateiname der PowerShell-Profile auf diesem Host.
`$progress-Preference`	Präferenzeinstellung, die steuert, wie die PowerShell Fortschrittsausgaben behandeln soll, die von einem Skript oder Cmdlet geschrieben werden. Unterstützt die Werte `SilentlyContinue`, `Continue`, `Inquire` und `Stop`.
`$psHome`	Installationsverzeichnis der PowerShell.
$PSBoundParameters	Enthält ein Wörterbuch mit den aktiven Parametern und deren aktuellen Werten.
`$PsCmdlet`	Enthält ein Objekt, das das ausgeführte Cmdlet bzw. die ausgeführte erweiterte Funktion darstellt.
$PsCulture	Enthält den Namen der Kultur, die derzeit im Betriebssystem festgelegt ist. Durch die Kultur wird das Anzeigeformat von Elementen wie Zahlen oder Währungs- und Datumsangaben bestimmt.
$PSDebugContext	Während des Debuggens enthält diese Variable Informationen zur Debugumgebung.
$PsHome	Enthält dem vollständigen Pfad des Installationsverzeichnisses für Windows PowerShell, normalerweise `"%windir%\System32\WindowsPowerShell\v1.0"`.
$PSScriptRoot	Enthält das Verzeichnis, aus dem das Skriptmodul ausgeführt wird. Diese Variable ermöglicht Skripten den Zugriff auf andere Ressourcen über den Modulpfad.
$PsUICulture	Enthält den Namen der Benutzeroberflächenkultur, die derzeit für das Betriebssystem festgelegt ist.
$PsVersionTable	Enthält eine schreibgeschützte Hashtabelle, in der Details zur Windows PowerShell-Version aufgelistet werden, die in der aktuellen Sitzung ausgeführt wird.
`$pwd`	Aktuelles Arbeitsverzeichnis.
$sender	Enthält das Objekt, von dem dieses Ereignis generiert wurde.
`$shellId`	Shell-Identifikator für diesen Host.
$SourceArgs	Enthält Objekte, die die Ereignisargumente des zu verarbeitenden Ereignisses darstellen.
$SourceEventArgs	Enthält ein Objekt, das das erste Ereignisargument darstellt, das von EventArgs des zu verarbeitenden Ereignisses abgeleitet ist.
`$stackTrace`	Detaillierte Stack-Trace-Informationen über den letzten Fehler.

Tabelle 34: Automatische Variablen der Windows PowerShell (Fortsetzung)

Variable	Bedeutung
`$this`	Referenz auf das aktuelle Objekt in `ScriptMethods` und `ScriptProperties`.
`$transcript`	Dateiname, der von dem Cmdlet *Start-Transcript* verwendet wird.
`$true`	Variable, die den Booleschen Wert `True` repräsentiert.
`$verboseHelpErrors`	Präferenzeinstellung, die der PowerShell mitteilt, wie sie detaillierte Fehlerinformationen ausgeben soll, wenn sie ungültige Hilfedateien durchläuft. Unterstützt die Werte `$true` und `$false`.
`$verbosePreference`	Präferenzeinstellung, die steuert, wie die PowerShell Verbose-Ausgaben behandeln soll, die von einem Skript oder einem Cmdlet geschrieben werden. Unterstützt die Werte `SilentlyContinue`, `Continue`, `Inquire` und `Stop`.
`$warningPreference`	Präferenzeinstellung, die steuert, wie die PowerShell Warnausgaben behandeln soll, die von einem Skript oder Cmdlet geschrieben werden. Unterstützt die Werte `SilentlyContinue`, `Continue`, `Inquire` und `Stop`.
`$whatifPreference`	Präferenzeinstellung, die steuert, wie die PowerShell Bestätigungsanfragen behandeln soll, die von einem Skript oder einem Cmdlet aufgerufen werden. Unterstützt die Werte `SilentlyContinue`, `Continue`, `Inquire` und `Stop`.

Ausgewählte .NET-Klassen und deren Verwendung

Dieser Abschnitt gibt Hinweise auf Klassen im .NET Framework, die in Ergänzung zu dem, was die PowerShell anbietet, noch weitere hilfreiche Funktionalitäten zur Verfügung stellen. Wenn Sie eine detaillierte Beschreibung und Dokumentation benötigen, sollten Sie die Dokumentation auf *http://msdn.microsoft.com* durchsuchen.

In den folgenden Tabellen werden die hier ausgewählten .NET-Klassen thematisch gruppiert und beschrieben. Den Zugriff auf die einzelnen .NET-Klassen und die Arbeit mit ihnen verdeutlichen die folgenden Beispiele für die .NET-Klasse `System.DateTime`, die hier exemplarisch für alle anderen .NET-Klassen steht:

Das aktuelle Datum und die Uhrzeit erhalten Sie mit

```
PS> [System.DateTime]::Now

Montag, 19. März 2007 19:40:11
```

Mit der Methode AddHours können Sie zum Ergebnis des ersten Beispiels Stunden hinzuzählen oder sie davon abziehen:

```
PS> [System.DateTime]::Now.AddHours(3)

Montag, 19. März 2007 22:45:10

PS> $3hZuvor = [System.DateTime]::Now.AddHours(-3)
PS> $3hZuvor

Montag, 19. März 2007 16:46:16
```

Die Methode AddHours der .NET-Klasse System.DateTime ist nur eine von vielen Methoden, die diese .NET-Klasse zur Verfügung stellt. Es gibt Methoden, mit denen Tage und Jahre addiert werden können, eine Methode, mit der die Anzahl der Tage im angegebenen Monat zurückgeliefert wird, und so weiter. Wie die .NET-Klasse System.DateTime haben auch alle anderen hier aufgeführten .NET-Klassen eigene Methoden und Eigenschaften, auf die Sie über die PowerShell zugreifen können. Eine detaillierte Beschreibung der .NET-Klassen erhalten Sie, wie bereits erwähnt, auf den MSDN-Seiten bei Microsoft.

Windows PowerShell

Tabelle 35: Windows PowerShell

Klasse	Beschreibung
System.Management.Automation.PSObject	Repräsentiert ein PowerShell-Objekt, dem Sie Anmerkungen, Eigenschaften und Weiteres hinzufügen können.

Utility

Tabelle 36: Utility

Klasse	Beschreibung
`System.DateTime`	Repräsentiert einen Zeitpunkt, normalerweise dargestellt als Datum und Tageszeit.
`System.Guid`	Repräsentiert einen Globally Unique Identifier (GUID).
`System.Math`	Bietet Konstanten und statische Methoden für trigonometrische, logarithmische und andere häufig verwendete mathematische Funktionen an.
`System.Random`	Repräsentiert einen pseudozufälligen Zahlengenerator, ein Gerät, das eine Abfolge von Zahlen generiert, die bestimmten statistischen Anforderungen der Zufälligkeit entsprechen.
`System.Convert`	Konvertiert einen Basisdatentyp in einen anderen Basisdatentyp.
`System.Environment`	Bietet Informationen über die aktuelle Umgebung und Plattform sowie Hilfsmittel, mit denen diese manipuliert werden können. Diese Klasse kann nicht vererbt werden.
`System.Console`	Repräsentiert die Datenströme für Standardeingabe, Standardausgabe und Fehlermeldungen von Konsolenanwendungen. Diese Klasse kann nicht vererbt werden.
`System.Text.RegularExpressions.Regex`	Repräsentiert einen nicht veränderbaren regulären Ausdruck.
`System.Diagnostics.Debug`	Bietet eine Reihe von Methoden und Eigenschaften an, die Ihnen bei der Fehlersuche in Ihrem Code helfen. Diese Klasse kann nicht vererbt werden.
`System.Diagnostics.EventLog`	Bietet eine Interaktion mit den Windows-Ereignisprotokollen.

Tabelle 36: Utility (Fortsetzung)

Klasse	Beschreibung
`System.Diagnostics.Process`	Bietet Zugriff auf lokale und entfernte Prozesse und ermöglicht Ihnen das Starten und Stoppen lokaler Systemprozesse.
`System.Diagnostics.Stopwatch`	Bietet eine Reihe von Methoden und Eigenschaften, mit denen Sie die verstrichene Zeit genau messen können.
`System.Media.SoundPlayer`	Steuert die Wiedergabe eines Sounds aus einer *.wav*-Datei.

Auflistungen und Objekt-Utilities

Tabelle 37: Auflistungen und Objekt-Utilities

Klasse	Beschreibung
`System.Array`	Bietet Methoden für das Erstellen, Manipulieren, Durchsuchen und Sortieren von Arrays und dient dabei als Basisklasse für alle Arrays in der Common Language Runtime.
`System.Enum`	Bietet die Basisklasse für Enumerationen.
`System.String`	Repräsentiert Text als eine Abfolge von Unicode-Zeichen.
`System.Text.StringBuilder`	Repräsentiert eine veränderbare Zeichenfolge. Diese Klasse kann nicht vererbt werden.
`System.Collections.Specialized.OrderedDictionary`	Stellt eine Auflistung von Schlüssel/Wert-Paaren dar, auf die über den Schlüssel oder über den Index zugegriffen werden kann.
`System.Collections.ArrayList`	Implementiert die IList-Schnittstellen mithilfe eines Arrays, das nach Bedarf dynamisch vergrößert wird.

Das .NET Framework

Tabelle 38: Das .NET Framework

Klasse	Beschreibung
`System.AppDomain`	Repräsentiert eine Anwendungsdomäne. Hierbei handelt es sich um eine isolierte Umgebung, in der Anwendungen ausgeführt werden. Diese Klasse kann nicht vererbt werden.
`System.Reflection.Assembly`	Definiert eine Assembly, die ein wiederverwendbarer, versionierbarer und selbstbeschreibender Baustein einer Anwendung der Common Language Runtime ist.
`System.Type`	Repräsentiert Typendeklarationen: Klassentypen, Schnittstellentypen, Arraytypen, Wertetypen, Enumerationstypen, Typparameter, generische Typdefinitionen und offen oder geschlossen konstruierte generische Typen.
`System.Threading.Thread`	Erstellt und steuert einen Thread, setzt dessen Priorität und erhält dessen Status.
`System.Runtime.InteropServices.Marshal`	Bietet eine Auflistung von Methoden für das Zuweisen von nicht verwaltetem Speicher, das Kopieren von nicht verwalteten Speicherblöcken und das Konvertieren von verwalteten und nicht verwalteten Typen sowie sonstige Methoden, die bei der Interaktion von nicht verwaltetem Code verwendet werden.
`Microsoft.CSharp.CSharpCodeProvider`	Bietet Zugriff auf Instanzen des C#-Codegenerators und Codecompilers.

Registrierung

Tabelle 39: Registrierung

Klasse	Beschreibung
`Microsoft.Win32.Registry`	Stellt `RegistryKey`-Objekte, die die Stammschlüssel in der Windows-Registrierung darstellen, sowie statische Methoden für den Zugriff auf Schlüssel/Wert-Paare zur Verfügung.
`Microsoft.Win32.RegistryKey`	Repräsentiert einen Knoten auf Schlüsselebene in der Windows-Registrierung. Bei dieser Klasse handelt es sich um eine Kapselung der Registrierung.

Ein- und Ausgabe

Tabelle 40: Ein- und Ausgabe

Klasse	Beschreibung
`System.IO.Stream`	Bietet eine allgemeine Ansicht einer Abfolge von Bytes.
`System.IO.BinaryReader`	Liest primitive Datentypen als Binärwerte in einer bestimmten Kodierung.
`System.IO.BinaryWriter`	Schreibt primitive Typen binär in einen Datenstrom und unterstützt das Schreiben von Zeichenfolgen in einer bestimmten Kodierung.
`System.IO.BufferedStream`	Fügt eine Pufferungsschicht für Lese- und Schreibvorgänge auf einem anderen Datenstrom hinzu. Diese Klasse kann nicht vererbt werden.
`System.IO.Directory`	Stellt statistische Methoden für das Erstellen, Verschieben und Auflisten in Verzeichnissen und Unterverzeichnissen zur Verfügung. Diese Klasse kann nicht vererbt werden.
`System.IO.FileSystemInfo`	Stellt die Basisklasse sowohl für `FileInfo`- als auch für `DirectoryInfo`-Objekte zur Verfügung.

Tabelle 40: Ein- und Ausgabe (Fortsetzung)

Klasse	Beschreibung
`System.IO.DirectoryInfo`	Stellt Instanzmethoden für das Erstellen, Verschieben und Auflisten in Verzeichnissen und Unterverzeichnissen zur Verfügung. Diese Klasse kann nicht vererbt werden.
`System.IO.File`	Stellt statische Methoden für das Erstellen, Kopieren, Löschen, Verschieben und Öffnen von Dateien zur Verfügung und hilft beim Erstellen von `FileStream`-Objekten.
`System.IO.MemoryStream`	Erstellt einen Datenstrom, dessen Sicherungsspeicher der Arbeitsspeicher ist.
`System.IO.Path`	Führt Operationen auf String-Instanzen aus, die Datei- oder Verzeichnispfadinformationen enthalten. Diese Operationen werden plattformübergreifend durchgeführt.
`System.IO.TextReader`	Repräsentiert ein Leseprogramm, das eine sequenzielle Zeichenfolge lesen kann.
`System.IO.StreamReader`	Implementiert einen `TextReader`, der Zeichen aus einem Bytestrom in einer bestimmten Kodierung ausliest.
`System.IO.TextWriter`	Repräsentiert ein Schreibprogramm, das eine sequenzielle Zeichenfolge schreiben kann. Hierbei handelt es sich um eine abstrakte Klasse.
`System.IO.StreamWriter`	Implementiert einen `TextWriter`, mit dem Zeichen auf einen Datenstrom in einer bestimmten Kodierung geschrieben werden können.
`System.IO.StringReader`	Implementiert einen `TextReader`, der aus einer Zeichenkette liest.
`System.IO.StringWriter`	Implementiert einen `TextWriter`, der Informationen in eine Zeichenkette schreibt. Die Informationen werden in einem darunterliegenden `StringBuilder` gespeichert.
`System.IO.Compression.DeflateStream`	Bietet Methoden und Eigenschaften für das Komprimieren und Dekomprimieren von Datenströmen mithilfe des Deflate-Algorithmus.

Tabelle 40: Ein- und Ausgabe (Fortsetzung)

Klasse	Beschreibung
`System.IO.Compression.GZipStream`	Bietet Methoden und Eigenschaften, mit denen Datenströme komprimiert und dekomprimiert werden.
`System.IO.FileSystemWatcher`	Überwacht die Benachrichtigungen über Änderungen im Dateisystem und löst Ereignisse aus, wenn ein Verzeichnis oder eine Datei in einem Verzeichnis geändert wird.

Sicherheit

Tabelle 41: Sicherheit

Klasse	Beschreibung
`System.Security.Principal.WindowsIdentity`	Repräsentiert einen Windows-Benutzer.
`System.Security.Principal.WindowsPrincipal`	Ermöglicht es, mithilfe von Code die Mitgliedschaft eines Windows-Benutzers in einer Windows-Gruppe zu überprüfen.
`System.Security.Principal.WellKnownSidType`	Definiert eine Reihe häufig verwendeter Sicherheitskennungen (SIDs).
`System.Security.Principal.WindowsBuiltInRole`	Gibt häufig verwendete Rollen mit Hilfe von `IsInRole` an.
`System.Security.SecureString`	Repräsentiert Text, der vertraulich behandelt werden sollte. Der Text wird aus Datenschutzgründen bei der Verwendung verschlüsselt und aus dem Speicher des Computers gelöscht, wenn er nicht mehr benötigt wird. Diese Klasse kann nicht vererbt werden.
`System.Security.Cryptography.TripleDESCryptoServiceProvider`	Definiert ein Wrapper-Objekt für den Zugriff auf die Kryptografiedienste-Provider-Version (Cryptographic Service Provider, CSP) des TripleDES-Algorithmus. Diese Klasse kann nicht vererbt werden.
`System.Security.Cryptography.PasswordDeriveBytes`	Leitet mithilfe einer Erweiterung des PBKDF1-Algorithmus einen Schlüssel von einem Kennwort ab.
`System.Security.Cryptography.SHA1`	Berechnet den SHA1-Hash für die Eingabedaten.

Tabelle 41: Sicherheit (Fortsetzung)

Klasse	Beschreibung
`System.Security.AccessControl.FileSystemSecurity`	Repräsentiert die Zugriffskontrolle und die Überwachungssicherheit für eine Datei oder ein Verzeichnis.
`System.Security.AccessControl.RegistrySecurity`	Repräsentiert die Windows-Sicherheit für die Zugriffssteuerung auf einen Registrierungsschlüssel. Diese Klasse kann nicht vererbt werden.

Benutzerschnittstelle

Tabelle 42: Benutzerschnittstelle

Klasse	Beschreibung
`System.Windows.Forms.Form`	Repräsentiert ein Fenster oder Dialogfeld, das die Benutzeroberfläche einer Anwendung ausmacht.
`System.Windows.Forms.FlowLayoutPanel`	Repräsentiert einen Bereich, in dem der Inhalt dynamisch horizontal oder vertikal angeordnet wird.

Bildverarbeitung

Tabelle 43: Bildverarbeitung

Klasse	Beschreibung
`System.Drawing.Image`	Eine abstrakte Basisklasse, die Funktionen für die von Bitmap und Metafile abgeleiteten Klassen zur Verfügung stellt.
`System.Drawing.Bitmap`	Kapselt eine GDI+-Bitmap, die aus den Pixeldaten für eine Grafik und deren Attribute besteht. Eine Bitmap ist ein Objekt, das für die Arbeit mit Bildern eingesetzt wird, die durch Pixeldaten definiert werden.

Netzwerk

Tabelle 44: Netzwerk

Klasse	Beschreibung
`System.Uri`	Bietet eine Objektdarstellung eines Uniform Resource Identifier (URI) sowie den einfachen Zugriff auf Bestandteile des URI an.
`System.Net.NetworkCredential`	Stellt Anmeldeinformationen für kennwortbasierte Authentifizierungsschemata bereit, zum Beispiel für Standard-, Digest-, NTLM- oder Kerberos-Authentifizierung.
`System.Net.Dns`	Bietet einfache Funktionen für die Auflösung von Domänennamen an.
`System.Net.FtpWebRequest`	Implementiert einen File Transfer Protocol-(FTP-)Client.
`System.Net.HttpWebRequest`	Bietet eine HTTP-spezifische Implementierung der `WebRequest`-Klasse an.
`System.Net.WebClient`	Stellt häufig verwendete Methoden zur Verfügung, mit denen Daten an eine durch einen URI identifizierte Ressource geschickt oder von dort geholt werden können.
`System.Net.Sockets.TcpClient`	Bietet Clientverbindungen für TCP-Netzwerkdienste an.
`System.Net.Mail.MailAddress`	Repräsentiert die Adresse eines E-Mail-Absenders oder -Empfängers.
`System.Net.Mail.MailMessage`	Repräsentiert eine E-Mail-Nachricht, die mithilfe der `SmtpClient`-Klasse verschickt werden kann.
`System.Net.Mail.SmtpClient`	Ermöglicht Anwendungen das Verschicken von E-Mails mithilfe des Simple Mail Transfer Protocol (SMTP).
`System.IO.Ports.SerialPort`	Repräsentiert die Ressource eines seriellen Anschlusses.
`System.Web.HttpUtility`	Stellt Methoden für das Kodieren und Dekodieren von URLs bei der Verarbeitung von Webanfragen zur Verfügung. Diese Klasse kann nicht vererbt werden.

XML

Tabelle 45: XML

Klasse	Beschreibung
`System.Xml.XmlTextWriter`	Repräsentiert ein Schreibprogramm, das ein schnelles, nicht zwischengespeichertes, nur nach vorn gerichtetes Verfahren für die Generierung von Datenströmen oder Dateien anbietet, die XML-Daten gemäß den W3C-Empfehlungen zur Extensible Markup Language (XML) 1.0 und den Namespaces in XML enthalten.
`System.Xml.XmlDocument`	Repräsentiert ein XML-Dokument.

Windows Management Instrumentation (WMI)

Tabelle 46: Windows Management Instrumentation (WMI)

Klasse	Beschreibung
`System.Management.ManagementObject`	Repräsentiert eine WMI-Instanz.
`System.Management.ManagementClass`	Repräsentiert eine Common Information Model- (CIM-) Verwaltungsklasse. Eine Verwaltungsklasse ist eine WMI-Klasse wie beispielsweise `Win32_LogicalDisk`, die ein Festplattenlaufwerk repräsentiert, oder wie `Win32_Process`, die einen Prozess repräsentiert, beispielsweise *Notepad.exe*. Mit den Membern dieser Klasse können Sie mithilfe eines bestimmten WMI-Klassenpfads auf WMI-Daten zugreifen. Weitere Informationen erhalten Sie im Bereich »Win32-Klassen« in der Dokumentation zur Windows Management Instrumentation in der MSDN Library auf *http://msdn2.microsoft.com/de-de/library/default.aspx*.

Tabelle 46: Windows Management Instrumentation (WMI) (Fortsetzung)

Klasse	Beschreibung
`System.Management.ManagementObjectSearcher`	Ruft eine Auflistung von Verwaltungsobjekten auf Basis einer angegebenen Abfrage ab. Diese Klasse ist einer der häufiger verwendeten Einstiegspunkte für den Abruf von Verwaltungsinformationen. Sie kann beispielsweise für die Auflistung aller Festplattenlaufwerke, Netzwerkadapter, Prozesse und zahlreicher anderer Verwaltungsobjekte eines Systems eingesetzt werden oder für die Abfrage aller offenen Netzwerkverbindungen, angehaltener Dienste und so weiter. Wenn sie instanziiert wurde, nimmt eine Instanz dieser Klasse eine durch eine `ObjectQuery`-Klasse oder deren Ableitungen repräsentierte WMI-Abfrage als Eingabe entgegen. Optional kann auch eine `ManagementScope`-Klasse übergeben werden, die den WMI-Namespace repräsentiert, in dem die Abfrage ausgeführt werden soll. Der Instanz können außerdem zusätzliche erweiterte Optionen in einer `EnumerationOptions`-Klasse übergeben werden. Wenn auf diesem Objekt die Get-Methode aufgerufen wird, führt `ManagementObjectSearcher` die angegebene Abfrage im angegebenen Geltungsbereich aus und liefert eine Auflistung von Verwaltungsobjekten zurück, die mit der Abfrage in einer `ManagementObjectCollection`-Klasse übereinstimmen.
`System.Management.ManagementDateTimeConverter`	Liefert Methoden für die Konvertierung von DMTF-Datumsangaben und DMTF-Zeitintervallen in ein CLR-kompatibles `DateTime`- und `TimeSpan`-Format und umgekehrt.
`System.Management.ManagementEventWatcher`	Abonniert auf Basis einer angegebenen Ereignisabfrage temporäre Ereignisbenachrichtigungen.

Active Directory

Tabelle 47: Active Directory

Klasse	Beschreibung
`System.DirectoryServices.DirectorySearcher`	Führt Abfragen in Active Directory durch.
`System.DirectoryServices.DirectoryEntry`	Die `DirectoryEntry`-Klasse kapselt einen Knoten oder ein Objekt in der Active Directory-Hierarchie.

Datenbank

Tabelle 48: Datenbank

Klasse	Beschreibung
`System.Data.DataSet`	Repräsentiert einen Daten-Cache im Arbeitsspeicher.
`System.Data.DataTable`	Repräsentiert eine Tabelle mit Daten, die sich im Arbeitsspeicher befinden.
`System.Data.SqlClient.SqlCommand`	Repräsentiert eine Transact-SQL-Anweisung oder eine gespeicherte Prozedur, die in einer SQL-Serverdatenbank ausgeführt werden soll. Diese Klasse kann nicht vererbt werden.
`System.Data.SqlClient.SqlConnection`	Repräsentiert eine offene Verbindung zu einer SQL-Serverdatenbank. Diese Klasse kann nicht vererbt werden.
`System.Data.SqlClient.SqlDataAdapter`	Repräsentiert eine Reihe von Datenbefehlen und eine Datenbankverbindung, mit denen das `DataSet` aufgefüllt und die SQL-Serverdatenbank aktualisiert werden sollen. Diese Klasse kann nicht vererbt werden.
`System.Data.Odbc.OdbcCommand`	Repräsentiert eine SQL-Anweisung oder eine gespeicherte Prozedur, die in einer Datenquelle ausgeführt werden soll. Diese Klasse kann nicht vererbt werden.
`System.Data.Odbc.OdbcConnection`	Repräsentiert eine offene Verbindung zu einer Datenquelle.
`System.Data.Odbc.OdbcDataAdapter`	Repräsentiert eine Reihe von Datenbefehlen und eine Verbindung zu einer Datenquelle, mit denen das `DataSet` aufgefüllt und die Datenquelle aktualisiert werden sollen. Diese Klasse kann nicht vererbt werden.

Message-Queuing

Tabelle 49: Message-Queuing

Klasse	Berschreibung
System.Messaging.MessageQueue	Stellt den Zugriff auf eine Warteschlange auf einem Message-Queuing-Server zur Verfügung.

Transaktionen

Tabelle 50: Transaktionen

Klasse	Beschreibung
System.Transactions.Transaction	Repräsentiert eine Transaktion.

WMI-Referenz

Die Einrichtungen der Windows Management Instrumentation unter Windows bieten Tausende von Klassen, die den Administratoren interessante Informationen zur Verfügung stellen. Dieser Abschnitt führt die Kategorien und Unterkategorien auf, die von WMI abgedeckt werden, sowie eine ausgewählte Teilmenge der nützlichsten WMI-Klassen. Wenn Sie weitere Informationen zu einer Kategorie suchen, können Sie die offizielle WMI-Dokumentation auf *http://msdn.microsoft.com* durchsuchen.

In den folgenden Tabellen werden die hier ausgewählten WMI-Klassen thematisch gruppiert und beschrieben. Den Zugriff auf die einzelnen WMI-Klassen und die Arbeit mit ihnen verdeutlichen die folgenden Beispiele:

Dieser Befehl liefert Ihnen Informationen über das BIOS auf dem aktuellen Computersystem:

```
PS> Get-WmiObject Win32_BIOS

SMBIOSBIOSVersion : 1YET62WW (1.27 )
Manufacturer      : IBM
Name              : Phoenix FirstBIOS(tm) Notebook Pro Version
                    2.0 for IBM ThinkPad
```

```
SerialNumber          : L3AT4LD
Version               : IBM    - 1270
```

Mit dem folgenden Befehl erhalten Sie Informationen über die einzelnen Speichermodule auf dem aktuellen Computersystem:

```
PS> Get-WmiObject Win32_PhysicalMemory | Format-Table
Tag,BankLabel,DeviceLocator, Capacity

   Tag                 BankLabel    DeviceLocator      Capacity
   -----------------   ---------    -------------    ----------
   Physical Memory 0   Bank 0/1     DIMM 1           1073741824
   Physical Memory 1   Bank 2/3     DIMM 2           1073741824
```

Tabelle 51: Kategorien und Unterkategorien von WMI-Klassen

Kategorie	Unterkategorie
Computersystem-Hardware	Lüfter, Eingabegerät, Massenspeicher, Motherboard, Controller, Port, Netzwerkgerät, Stromzufuhr, Drucken, Telefonie, Grafik und Monitor.
Betriebssystem	COM, Desktop, Treiber, Dateisystem, Job-Objekte, Arbeitsspeicher und Pagefiles, Multimedia, Netzwerk, Betriebssystemereignisse, Betriebssystemeinstellungen, Prozesse, Registrierung, Scheduler-Jobs, Sicherheit, Dienste, Freigaben, Startmenü, Speicher, Benutzer, Windows-NT-Ereignisprotokoll, Windows-Produktaktivierung.
WMI-Dienstverwaltung	WMI-Konfiguration, WMI-Verwaltung.
Allgemein	Installierte Anwendungen, Leistungsmessung, Sicherheitsbeschreibung.

Tabelle 52: Ausgewählte WMI-Klassen und ihre Verwendung

Klasse	Beschreibung
`Win32_BaseBoard`	Repräsentiert die Hauptplatine, die auch Motherboard oder Systemplatine genannt wird.
`Win32_BIOS`	Repräsentiert die Attribute des Basic Input/Output System (BIOS), das auf einem Computer installiert ist.
`Win32_BootConfiguration`	Repräsentiert die Boot-Konfiguration eines Windows-Systems.

Tabelle 52: Ausgewählte WMI-Klassen und ihre Verwendung (Fortsetzung)

Klasse	Beschreibung
`Win32_CDROMDrive`	Repräsentiert ein CD-ROM-Laufwerk auf einem Windows-Computersystem. Bedenken Sie, dass der Name des Laufwerks nicht dem logischen Laufwerksbuchstaben entspricht, der dem Gerät zugewiesen wurde.
`Win32_ComputerSystem`	Repräsentiert ein Computer-Betriebssystem in einer Windows-Umgebung.
`Win32_Processor`	Repräsentiert ein Gerät, das eine Abfolge von Anweisungen auf einem Computer auswerten kann, auf dem ein Windows-Betriebssystem läuft. Auf einer Mehrprozessormaschine gibt es für jeden Prozessor eine Instanz der `Win32_Processor`-Klasse.
`Win32_ComputerSystemProduct`	Repräsentiert ein Produkt. Hierzu gehören Soft- und Hardware, die auf diesem Computersystem verwendet werden.
`CIM_DataFile`	Repräsentiert eine benannte Auflistung von Daten oder ausführbarem Code. Momentan liefert der Provider Dateien von fest eingebauten und von eingebundenen logischen Laufwerken zurück. In der Zukunft werden nur noch Instanzen von Dateien auf lokalen, fest eingebauten Laufwerken zurückgeliefert werden.
`Win32_DCOMApplication`	Repräsentiert die Eigenschaften einer DCOM-Anwendung.
`Win32_Desktop`	Repräsentiert die üblichen Eigenschaften eines Benutzerdesktops. Die Eigenschaften dieser Klasse können vom Benutzer verändert werden, um den Desktop individuell anzupassen.
`Win32_DesktopMonitor`	Repräsentiert den Monitortyp bzw. das Anzeigegerät, das an das Computersystem angeschlossen ist.
`Win32_DeviceMemoryAddress`	Repräsentiert eine Gerätespeicheradresse auf einem Windows-System.

Tabelle 52: Ausgewählte WMI-Klassen und ihre Verwendung (Fortsetzung)

Klasse	Beschreibung
Win32_DiskDrive	Repräsentiert ein physisches Festplattenlaufwerk, wie es von einem Computer gesehen wird, auf dem das Windows-Betriebssystem läuft. Jede Schnittstelle zu einem physischen Festplattenlaufwerk unter Windows ist ein Abkömmling (oder Member) dieser Klasse. Die Features des Festplattenlaufwerks, die über dieses Objekt sichtbar werden, entsprechen den logischen Eigenschaften und den Verwaltungseigenschaften des Laufwerks. In einigen Fällen könnte das nicht die tatsächlichen physischen Eigenschaften des Geräts widerspiegeln. Jedes Objekt, das auf einem anderen logischen Gerät basiert, wäre kein Member dieser Klasse.
Win32_DiskQuota	Verfolgt den Speicherplatzverbrauch auf NTFS-Dateisystem-Volumes. Ein Systemadministrator (SA) kann Windows so konfigurieren, dass ein weiterer Speicherplatzverbrauch verhindert und ein Ereignis protokolliert wird, wenn ein Anwender eine bestimmte Speicherplatzgrenze überschreitet. Ein SA kann auch ein Ereignis protokollieren lassen, wenn ein Benutzer eine bestimmte Speichermenge überschreitet, bei der eine Warnung ausgegeben werden soll. Diese Klasse ist unter Windows XP neu.
Win32_DMAChannel	Repräsentiert einen direkten Speicherzugriffskanal (Direct Memory Access, DMA) auf einem Windows-Computersystem. DMA ist ein Verfahren, bei dem ohne Unterstützung durch den Mikroprozessor Daten von einem Gerät in den Speicher (oder umgekehrt) verschoben werden. Die Hauptplatine setzt einen DMA-Controller ein, um eine feste Anzahl von Kanälen zu verwalten. Jeder dieser Kanäle kann zur gleichen Zeit von einem (und nur von einem) Gerät verwendet werden.
Win32_Environment	Repräsentiert eine Umgebungs- oder Systemumgebungseinstellung auf einem Windows-Computersystem. Eine Anfrage an diese Klasse liefert Umgebungsvariablen zurück, die man in HKLM\System\CurrentControlSet\Control\Sessionmanager\Environment oder in HKEY_USERS\<Benutzer>\Environment findet.

Tabelle 52: Ausgewählte WMI-Klassen und ihre Verwendung (Fortsetzung)

Klasse	Beschreibung
`Win32_Directory`	Repräsentiert einen Verzeichniseintrag auf einem Windows-Computersystem. Ein Verzeichnis ist ein Dateityp, der Datendateien logisch gruppiert und Pfadinformationen für die gruppierten Dateien zur Verfügung stellt, zum Beispiel *C:\TEMP*. `Win32_Directory` enthält keine Verzeichnisse von Netzwerklaufwerken.
`Win32_Group`	Repräsentiert Daten eines Gruppenkontos. Mit einem Gruppenkonto können die Zugriffsberechtigungen für eine Liste mit Benutzern geändert werden. Beispiel: *Marketing2*.
`Win32_IDEController`	Verwaltet die Funktionalitäten eines Integrated Device Electronics- (IDE-)Controllergeräts.
`Win32_IRQResource`	Repräsentiert eine Interrupt Request Line- (IRQ-) Zahl auf einem Windows-Computersystem. Ein Interrupt Request ist ein Signal, das von einem Gerät oder einem Programm bei zeitkritischen Ereignissen an die CPU geschickt wird. Ein IRQ kann auf Hardware oder Software basieren.
`Win32_ScheduledJob`	Repräsentiert einen Job, der mit einem AT-Befehl erstellt wurde. Die Klasse `Win32_ScheduledJob` repräsentiert keinen Job, der mit dem Assistenten für geplante Tasks aus der Systemsteuerung erstellt wurde. Sie können in der Benutzeroberfläche für *Geplante Tasks* keinen Task ändern, der von WMI erstellt wurde. Windows 2000 und Windows NT 4.0: Sie können mithilfe der Benutzeroberfläche für *Geplante Tasks* Tasks bearbeiten, die Sie ursprünglich mit WMI erstellt haben. Sie können dann jedoch, auch wenn der Task erfolgreich bearbeitet wurde, auf diesen Task nicht mehr über WMI zugreifen. Jeder Job, der für den Schedule-Dienst (Taskplaner) eingeplant wurde, wird dauerhaft abgespeichert (der Scheduler kann einen Job auch nach einem Reboot starten) und zur angegebenen Uhrzeit am angegebenen Wochen- oder Monatstag ausgeführt. Wenn der Computer zum festgelegten Zeitpunkt nicht eingeschaltet ist oder der Schedule-Dienst nicht läuft, führt der Schedule-Dienst diesen Task am nächsten Tag zur vorgegebenen Uhrzeit aus.

Tabelle 52: Ausgewählte WMI-Klassen und ihre Verwendung (Fortsetzung)

Klasse	Beschreibung
	Die Jobs werden gemäß der Universal Coordinated Time (UTC) unter Berücksichtigung der Zeitverschiebung zur Greenwich Mean Time (GMT) eingeplant. Das bedeutet, dass ein Job für jede beliebige Zeitzone festgelegt werden kann. Die Klasse `Win32_ScheduledJob` liefert die lokale Zeit mit der Verschiebung zu UTC zurück, wenn ein Objekt aufgezählt wird, und führt eine Konvertierung in die lokale Zeit durch, wenn neue Jobs eingerichtet werden. Wenn beispielsweise ein Job so eingerichtet wird, dass er in London um 21:30 Uhr ausgeführt werden soll, wird er hier so eingeplant, dass er lokal um 22:30 Uhr ausgeführt wird. Beachten Sie dabei auch, dass ein Client berücksichtigen muss, ob auf dem lokalen Computer die Sommerzeit eingestellt ist. Wenn ja, müssen von der UTC-Zeitverschiebung noch 60 Minuten abgezogen werden.
`Win32_LoadOrderGroup`	Repräsentiert eine Gruppe von Systemdiensten, die Ausführungsabhängigkeiten festlegen. Die Dienste müssen in der von der Load Order Group festgelegten Reihenfolge gestartet werden, da sie voneinander abhängig sind. Diese voneinander abhängigen Dienste benötigen die jeweils vorangegangenen Dienste, um richtig funktionieren zu können. Die Daten in dieser Klasse leiten sich aus dem Registrierungsschlüssel `System\CurrentControlSet\Control\GroupOrderList` ab.
`Win32_LogicalDisk`	Repräsentiert eine Datenquelle, die zu einem tatsächlichen lokalen Speichergerät auf einem Windows-System gehört.
`Win32_LogonSession`	Beschreibt die Anmeldesitzung oder -sitzungen, die zu einem Benutzer gehören, der sich auf Windows NT oder Windows 2000 angemeldet hat.
`Win32_CacheMemory`	Repräsentiert internen und externen Cache-Speicher auf einem Computersystem.
`Win32_LogicalMemoryConfiguration`	Repräsentiert die Ausstattung und die Verfügbarkeit des Speichers auf einem Windows-System. Ab Windows Vista steht diese Klasse im Betriebssystem nicht mehr zur Verfügung.

Tabelle 52: Ausgewählte WMI-Klassen und ihre Verwendung (Fortsetzung)

Klasse	Beschreibung
	Windows XP und Windows Server 2003: Diese Klasse wird nicht mehr unterstützt. Verwenden Sie stattdessen die Klasse `Win32_OperatingSystem`. Windows 2000: Diese Klasse steht zur Verfügung und wird unterstützt.
`Win32_PhysicalMemoryArray`	Repräsentiert Details über den physischen Speicher des Computersystems. Dazu gehören die Anzahl der Speichergeräte, der verfügbare Gesamtspeicher und die Art des Speichers – zum Beispiel System- oder Grafikspeicher.
`WIN32_NetworkClient`	Repräsentiert einen Netzwerkclient auf einem Windows-System. Jedes Computersystem im Netzwerk, das eine Clientbeziehung zu diesem System besitzt, ist ein Abkömmling (oder Member) dieser Klasse (beispielsweise ein Computer, auf dem Windows 2000 Workstation oder Windows 98 läuft und der Teil einer Windows-2000-Domäne ist).
`Win32_NetworkLoginProfile`	Repräsentiert die Netzwerk-Anmeldeinformationen eines bestimmten Benutzers auf einem Windows-System. Dazu gehören unter anderem der Passwortstatus, Zugriffsberechtigungen, Disk-Quotas und Anmeldeverzeichnispfade.
`Win32_NetworkProtocol`	Repräsentiert ein Protokoll und dessen Netzwerk-Leistungsmerkmale auf einem Win32-Computersystem.
`Win32_NetworkConnection`	Repräsentiert eine aktive Netzwerkverbindung in einer Windows-Umgebung.
`Win32_NetworkAdapter`	Repräsentiert einen Netzwerkadapter auf einem Computer, der mit einem Windows-Betriebssystem läuft.
`Win32_NetworkAdapter Configuration`	Repräsentiert die Eigenschaften und das Verhalten eines Netzwerkadapters. Diese Klasse enthält gesonderte Eigenschaften und Methoden, die die Verwaltung der Protokolle TCP/IP und Internetworking Packet Exchange (IPX) unterstützen, die unabhängig vom Netzwerkadapater sind.
`Win32_NTDomain`	Repräsentiert eine Windows NT-Domäne.

Tabelle 52: Ausgewählte WMI-Klassen und ihre Verwendung (Fortsetzung)

Klasse	Beschreibung
`Win32_NTLogEvent`	Hiermit werden Instanzen aus dem Windows-NT-Ereignisprotokoll übersetzt. Eine Anwendung muss *SeSecurityPrivilege* besitzen, um Ereignisse aus dem Ereignisprotokoll Sicherheit empfangen zu können, ansonsten wird der Anwendung eine »Zugriff verweigert«-Meldung zurückgeliefert.
`Win32_NTEventlogFile`	Repräsentiert eine logische Datei oder ein logisches Verzeichnis der Windows-NT-Ereignisse. Die Datei wird auch als Ereignisprotokoll genannt.
`Win32_OnBoardDevice`	Repräsentiert häufig verwendete Adaptergeräte, die auf dem Motherboard (Hauptplatine) verbaut sind.
`Win32_OperatingSystem`	Repräsentiert ein Betriebssystem, das auf einem Computer installiert ist, auf dem ein Windows-Betriebssystem läuft. Jedes Betriebssystem, das auf einem Windows-System installiert werden kann, ist ein Abkömmling oder Member dieser Klasse. `Win32_OperatingSystem` ist eine Singleton-Klasse. Wenn Sie die einzige Instanz erhalten möchten, müssen Sie für den Schlüssel das @ verwenden. Windows Server 2003, Windows XP, Windows 2000 und Windows NT 4.0: Wenn auf einem Computer mehrere Betriebssysteme installiert sind, liefert diese Klasse nur eine Instanz für das momentan aktive Betriebssystem zurück.
`Win32_PageFileUsage`	Repräsentiert die Datei, mit der auf einem Win32-System das Auslagern von virtuellem Speicher in eine Datei verwaltet wird. Die Informationen, die in den Objekten enthalten sind, die aus dieser Klasse entstanden sind, geben den Laufzeitstatus der Auslagerungsdatei an.
`Win32_PageFileSetting`	Repräsentiert die Einstellungen einer Auslagerungsdatei. Die Informationen, die in den Objekten enthalten sind, die aus dieser Klasse entstanden sind, geben die Parameter der Auslagerungsdatei an, mit denen die Datei beim Systemstart eingerichtet wird. Die Eigenschaften in dieser Klasse können bis zum Start verändert und verzögert werden. Diese Einstellungen unterscheiden sich vom Laufzeitzustand einer Auslagerungsdatei, der über die zugehörige Klasse `Win32_PageFileUsage` ausgedrückt wird.

Tabelle 52: Ausgewählte WMI-Klassen und ihre Verwendung (Fortsetzung)

Klasse	Beschreibung
`Win32_DiskPartition`	Repräsentiert die Ressourcen und das Volumen eines partitionierten Bereichs einer physischen Festplatte auf einem Windows-System. Beispiel: Disk #0, Partition #1.
`Win32_PortResource`	Repräsentiert einen I/O-Anschluss auf einem Windows-Computersystem.
`Win32_PortConnector`	Repräsentiert physische Verbindungsanschlüsse, beispielsweise DB-25-Steckeranschluss, Centronics oder PS/2.
`Win32_Printer`	Repräsentiert ein Gerät, das an einem Computer angeschlossen ist, auf dem ein Windows-Betriebssystem läuft und ein Bild bzw. Text auf Papier oder ein anderes Medium drucken kann.
`Win32_PrinterConfiguration`	Repräsentiert die Konfiguration eines Druckergeräts. Dazu gehören Leistungsmerkmale wie Auflösung, Farbe, Schriften und Papierausrichtung.
`Win32_PrintJob`	Repräsentiert einen Druckauftrag, der von einer Windows-Anwendung erzeugt wurde. Jeder Arbeitsschritt, der vom Druckbefehl einer Anwendung erzeugt wird, die auf einem Computer mit Windows-Betriebssystem läuft, ist ein Abkömmling oder Member dieser Klasse.
`Win32_Process`	Repräsentiert einen Prozess auf einem Betriebssystem.
`Win32_Product`	Repräsentiert die Produkte, wie sie vom Windows Installer installiert wurden. Ein Produkt gehört normalerweise zu einem Installationspaket. Weitere Informationen zur Unterstützung und den Anforderungen bei der Installation eines bestimmten Betriebssystems finden Sie auf MSDN unter »Operating System Availability of WMI Components«.
`Win32_QuickFixEngineering`	Repräsentiert das systemweite Quick Fix Engineering (QFE) oder Updates, die auf dem aktuellen Betriebssystem eingespielt wurden.
`Win32_QuotaSetting`	Enthält Konfigurationsinformationen für Festplatten-Quotas auf einem Volume.

Tabelle 52: Ausgewählte WMI-Klassen und ihre Verwendung (Fortsetzung)

Klasse	Beschreibung
`Win32_OSRecoveryConfiguration`	Repräsentiert die Art der Informationen, die aus dem Speicher zusammengetragen werden, wenn im Betriebssystem ein Fehler auftritt. Hierzu gehören Fehler im Boot-Vorgang und Systemabstürze.
`Win32_Registry`	Repräsentiert die Systemregistrierung auf einem Windows-Computersystem.
`Win32_SCSIController`	Repräsentiert einen SCSI-Controller auf einem Windows-System.
`Win32_PerfRawData_PerfNet_Server`	Liefert Rohdaten von Leistungsmessern, die mithilfe des WINS-Serverdiensts Verbindungen überwachen.
`Win32_Service`	Repräsentiert einen Dienst auf einem Computer, auf dem ein Windows-Betriebssystem läuft. Eine Dienstanwendung entspricht den Schnittstellenregeln des Service Control Manager (SCM) und kann von einem Benutzer über das Dienste-Verwaltungswerkzeug automatisch beim Systemstart oder durch eine Anwendung, die die in der Windows-API enthaltenen Dienstefunktionen einsetzt, gestartet werden. Dienste können auch gestartet werden, wenn keine Benutzer am Computer angemeldet sind.
`Win32_Share`	Repräsentiert eine freigegebene Ressource auf einem Windows-System. Das kann ein Festplattenlaufwerk, ein Drucker, eine Interprozess-Kommunikation oder ein anderes Gerät sein, das freigegeben werden kann.
`Win32_SoftwareElement`	Repräsentiert ein Softwareelement, einen Bestandteil einer Softwarefunktionalität (eine eindeutige Untermenge eines Produkts, das ein oder mehrere Elemente enthält). Jedes Softwareelement wird in einer `Win32_SoftwareElement`-Instanz festgelegt, und die Verbindung zwischen einer Funktionalität und ihrer `Win32_SoftwareFeature`-Instanz wird in der `Win32_SoftwareFeatureSoftwareElements`-Verbindungsklasse festgelegt. Weitere Informationen zur Unterstützung und den Anforderungen bei der Installation eines bestimmten Betriebssystems finden Sie auf MSDN unter »Operating System Availability of WMI Components«.

Tabelle 52: Ausgewählte WMI-Klassen und ihre Verwendung (Fortsetzung)

Klasse	Beschreibung
`Win32_SoftwareFeature`	Repräsentiert eine eindeutige Untermenge eines Produkts, das aus einem oder mehreren Softwareelementen besteht. Jedes Softwareelement wird in einer `Win32_SoftwareElement`-Instanz festgelegt, und die Verbindung zwischen einem Feature und seiner `Win32_SoftwareFeature`-Instanz wird in der Verbindungsklasse `Win32_SoftwareFeatureSoftwareElements` festgelegt. Weitere Informationen zur Unterstützung und den Anforderungen bei der Installation eines bestimmten Betriebssystems finden Sie auf MSDN unter »Operating System Availability of WMI Components«.
`WIN32_SoundDevice`	Repräsentiert die Eigenschaften eines Audiogeräts auf einem Windows-Computersystem.
`Win32_StartupCommand`	Repräsentiert einen Befehl, der automatisch ausgeführt wird, wenn sich ein Benutzer am Computersystem anmeldet.
`Win32_SystemAccount`	Repräsentiert ein Systemkonto. Das Systemkonto wird vom Betriebssystem und von Diensten verwendet, die unter Windows NT laufen. Innerhalb von Windows NT gibt es viele Dienste und Prozesse, die die Möglichkeit haben müssen, sich intern anzumelden, beispielsweise während einer Windows-NT-Installation. Für diesen Zweck wurde das Systemkonto entworfen.
`Win32_SystemDriver`	Repräsentiert einen Systemtreiber für einen Basisdienst.
`Win32_SystemEnclosure`	Repräsentiert die Eigenschaften, die zu einem physischen System-Enclosure gehören.
`Win32_SystemSlot`	Repräsentiert physische Verbindungsstellen, zu denen Anschlüsse, Motherboard-Anschlüsse sowie -Peripheriegeräte und proprietäre Verbindungsstellen gehören.
`Win32_TapeDrive`	Repräsentiert ein Bandlaufwerk an einem Windows-Computer. Bandlaufwerke zeichnen sich in erster Linie dadurch aus, dass nur sequenziell auf sie zugegriffen werden kann.
`Win32_TemperatureProbe`	Repräsentiert die Eigenschaften eines Temperatursensors (elektronisches Thermometer).

Tabelle 52: Ausgewählte WMI-Klassen und ihre Verwendung (Fortsetzung)

Klasse	Beschreibung
`Win32_TimeZone`	Repräsentiert die Zeitzoneninformationen für ein Windows-System, zu denen auch die Umstellung von Sommer- auf Winterzeit gehört.
`Win32_Uninterruptible PowerSupply`	Repräsentiert die Funktionalitäten und Verwaltungseigenschaften einer unterbrechungsfreien Stromversorgung (USV). Mit Windows Vista ist diese Klasse veraltet und steht nicht mehr zur Verfügung, da auch der Dienst *Unterbrechungsfreie Stromversorgung* nicht mehr zur Verfügung steht. Dieser Dienst arbeitet mit seriell angeschlossenen USV-Geräten zusammen, nicht mit USB-Geräten. Windows Server 2003 und Windows XP: Diese Klasse steht zwar zur Verfügung, kann aber nicht eingesetzt werden, da der USV-Dienst fehlerhaft ist. Windows Server 2003, Windows XP, Windows 2000 und Windows NT 4.0: Diese Klasse steht zur Verfügung und ist implementiert.
`Win32_UserAccount`	Enthält Informationen über ein Benutzerkonto auf einem Computer, der unter einem Windows-Betriebssystem läuft. Anmerkung: Da sowohl der Name als auch die Domäne Schlüsseleigenschaften sind, kann die Auflistung von `Win32_UserAccount` in einem großen Netzwerk negative Auswirkungen auf die Geschwindigkeit haben. Der Aufruf von `GetObject` und die Abfrage einer bestimmten Instanz haben geringere Auswirkungen.
`Win32_VoltageProbe`	Repräsentiert die Eigenschaften eines Spannungsmessers (elektronisches Voltmeter).
`Win32_VolumeQuotaSetting`	Verbindet Einstellungen von Festplatten-Quotas mit einem bestimmten Festplatten-Volume. Windows 2000/NT: Diese Klasse steht nicht zur Verfügung.
`Win32_WMISetting`	Enthält die Betriebseigenschaften des WMI-Diensts. Diese Klasse kann nur eine Instanz besitzen, die es immer für ein Windows-System gibt und die nicht gelöscht werden kann. Zusätzliche Instanzen können nicht erstellt werden.

Ausgewählte COM-Objekte und deren Verwendung

Mit der PowerShell können Sie auf COM-Objekte zugreifen und mit ihnen arbeiten. In den folgenden Tabellen werden ausgewählte COM-Objekte aufgeführt und beschrieben.

Das folgende Beispiel veranschaulicht die Zusammenarbeit der PowerShell mit COM-Objekten. Darin wird mit dem Cmdlet *New-Object* und der Option `-ComObject` ein neues COM-Objekt angelegt, das dann mit der Eigenschaft `visible` sichtbar gemacht wird:

```
PS> $word = New-Object -ComObject "Word.Application"
PS> $word.Visible = $true
```

An dieser Stelle sollten Sie eine geöffnete Microsoft-Word-Anwendung sehen.

Weitere Informationen zu COM-Objekten und deren Eigenschaften und Methoden finden Sie auf den MSDN-Seiten von Microsoft.

Tabelle 53: COM-Bezeichner und Beschreibungen

Bezeichner	Beschreibung
`Access.Application`	Ermöglicht die Interaktion mit und die Automatisierung von Microsoft Access.
`ADODB.Command`	Kapselt einen Befehl auf eine ADO-Datenquelle.
`ADODB.Connection`	Liefert den Zugriff auf und die Interaktion mit ADO-Datenquellen.
`ADODB.RecordSet`	Liefert den Zugriff auf die Ergebnisse aus einer ADODB-Abfrage auf einen Datenbestand.
`ADOX.Catalog`	Bietet den Zugriff auf Datendefinitionen in ADO-Datenquellen.
`Agent.Control`	Ermöglicht die Steuerung von Microsoft Agent 3-D-animierten Figuren.
`AutoItX3.Control`	Bietet Zugriff auf die Windows-Automatisierung über das Administrationswerkzeug *AutoIt* (kein Standard).

Tabelle 53: COM-Bezeichner und Beschreibungen (Fortsetzung)

Bezeichner	Beschreibung
`CDO.Configuration`	Bietet den Zugriff auf die Konfigurationsfelder, die von anderen CDO-COM-Objekten verwendet werden.
`CDO.Message`	Ermöglicht das Erstellen von und die Interaktion mit E-Mail-Nachrichten.
`CEnroll.CEnroll`	Bietet Zugriff auf die Zertifikat-Verwaltungsdienste.
`CertificateAuthority.Request`	Bietet den Zugriff auf die Anfrage an eine Zertifizierungsstelle.
`COMAdmin.COMAdminCatalog`	Bietet Zugriff und Verwaltung des Windows COM+-Katalogs.
`Excel.Application`	Ermöglicht die Interaktion mit und die Automatisierung von Microsoft Excel.
`Excel.Sheet`	Ermöglicht die Interaktion mit Microsoft-Excel-Arbeitsblättern.
`HNetCfg.FwMgr`	Bietet Zugriff auf die Verwaltungsfunktionen der Windows-Firewall.
`HNetCfg.HNetShare`	Bietet Zugriff auf die Verwaltungsfunktionen des Windows Connection Sharing.
`HTMLFile`	Ermöglicht die Interaktion mit und die Bearbeitung von einem neuen Internet-Explorer-Dokument.
`InfoPath.Application`	Ermöglicht die Interaktion mit und die Automatisierung von Microsoft InfoPath.
`InternetExplorer.Application`	Ermöglicht die Interaktion mit und die Automatisierung von Microsoft Internet Explorer.
`IXSSO.Query`	Ermöglicht die Interaktion mit Microsoft Index Server.
`IXSSO.Util`	Bietet Zugriff auf die Utilities, die zusammen mit dem `IXSSO.Query`-Objekt verwendet werden.
`LegitCheckControl.LegitCheck`	Bietet Zugriff auf die Informationen über den Windows Genuine Advantage-Status auf dem aktuellen Computer.

Tabelle 53: COM-Bezeichner und Beschreibungen (Fortsetzung)

Bezeichner	Beschreibung
`MakeCab.MakeCab`	Bietet Funktionen, mit denen Cabinet- (*.cab*-) Dateien erzeugt und verwaltet werden können.
`MAPI.Session`	Bietet Zugriff auf MAPI- (Messaging Application Programming Interface-)Sitzungen, beispielsweise Ordner, Nachrichten oder das Adressbuch.
`Messenger.MessengerApp`	Ermöglicht die Interaktion mit und die Automatisierung von Messenger.
`Microsoft.FeedsManager`	Ermöglicht die Interaktion mit der Microsoft-RSS-Feed-Plattform.
`Microsoft.ISAdm`	Ermöglicht die Verwaltung von Microsoft Index Server.
`Microsoft.Update.AutoUpdate`	Ermöglicht die Verwaltung der Zeitplanung für die automatischen Updates von Microsoft Update.
`Microsoft.Update.Installer`	Ermöglicht die Installation von Updates von Microsoft Update.
`Microsoft.Update.Searcher`	Bietet Suchfunktionen für die Suche nach Updates von Microsoft Update.
`Microsoft.Update.Session`	Bietet Zugriff auf die lokalen Informationen über die Microsoft-Update-History.
`Microsoft.Update.SystemInfo`	Bietet Zugriff auf die Informationen über Microsoft Update auf dem aktuellen System.
`MMC20.Application`	Ermöglicht die Interaktion mit und die Automatisierung von Microsoft Management Console (MMC).
`MSScriptControl.ScriptControl`	Ermöglicht die Auswertung und Steuerung von WSH-Skripten.
`Msxml2.DOMDocument`	Ermöglicht die Interaktion mit XML-Dokumenten.
`Msxml2.FreeThreadedDOMDocument`	Ermöglicht die gleichzeitige Interaktion mit XML-Dokumenten aus mehreren Threads.
`Msxml2.XMLHTTP`	Bietet clientseitige Protokollunterstützung für die Kommunikation mit HTTP-Servern.

Tabelle 53: COM-Bezeichner und Beschreibungen (Fortsetzung)

Bezeichner	Beschreibung
`Msxml2.XSLTemplate`	Ermöglicht die Verarbeitung von XSL-Transformationen.
`Outlook.Application`	Ermöglicht die Interaktion mit und die Automatisierung von E-Mails, Kalender- und Kontakteinträgen, Aufgaben usw. über Microsoft Outlook.
`OutlookExpress.MessageList`	Ermöglicht die Interaktion mit und eine Automatisierung von E-Mails über Microsoft Outlook Express.
`PowerPoint.Application`	Ermöglicht die Interaktion mit und Automatisierung von Microsoft PowerPoint.
`Publisher.Application`	Ermöglicht die Interaktion mit und Automatisierung von Microsoft Publisher.
`RDS.DataSpace`	Ermöglicht den Zugriff auf Proxies der Remote DataSpace-Geschäftsobjekte.
`SAPI.SpVoice`	Bietet Zugriff auf die Microsoft-Speech-API.
`Scripting.FileSystemObject`	Bietet den Zugriff auf das Dateisystem des Computers.
`Scripting.Signer`	Ermöglicht die Verwaltung von digitalen Signaturen in WSH-Dateien.
`Scriptlet.TypeLib`	Ermöglicht die dynamische Erstellung von Scripting Type Library- (*.tlb*-)Dateien.
`ScriptPW.Password`	Ermöglicht die maskierte Eingabe von Klartextkennwörtern.
`SharePoint.OpenDocuments`	Ermöglicht die Interaktion mit Microsoft Sharepoint Services.
`Shell.Application`	Ermöglicht den Zugriff auf Eigenschaften der Windows-Explorer-Shell-Anwendung, beispielsweise die Verwaltung von Fenstern, Dateien und Ordnern sowie der aktuellen Sitzung.
`Shell.LocalMachine`	Bietet den Zugriff auf Informationen über die aktuelle Maschine, die sich auf die Windows-Shell beziehen.

Tabelle 53: COM-Bezeichner und Beschreibungen (Fortsetzung)

Bezeichner	Beschreibung
`Shell.User`	Bietet Zugriff auf Eigenschaften der Windows-Sitzung und des Profils des aktuellen Benutzers.
`SQLDMO.SQLServer`	Ermöglicht den Zugriff auf die Verwaltungsfunktionen von Microsoft SQL Server.
`Vim.Application`	Ermöglicht die Interaktion mit und die Automatisierung des VIM-Editors (kein Standard).
`WbemScripting.SWbemDateTime`	Bietet Funktionen, mit denen Datumsangaben im CIM-Format (wie es auch mit WMI verwendet wird) durchsucht und erstellt werden können.
`WbemScripting.SWbemLccator`	Baut eine Verbindung zum WMI-Dienst auf einem lokalen oder entfernten Computer auf.
`WIA.CommonDialog`	Bietet den Zugriff auf die Erfassung von Bildern über die Windows Image Acquisition-Funktionalitäten.
`WMPlayer.OCX`	Ermöglicht die Interaktion mit und Automatisierung von Windows Media Player.
`Word.Application`	Ermöglicht die Interaktion mit und Automatisierung von Microsoft Word.
`Word.Document`	Ermöglicht die Interaktion mit Microsoft-Word-Dokumenten.
`WScript.Network`	Bietet den Zugriff auf Bereiche einer vernetzten Windows-Umgebung, beispielsweise Drucker und Netzwerklaufwerke, sowie Computer- und Domäneninformationen.
`WScript.Shell`	Bietet den Zugriff auf Bereiche der Windows-Shell, beispielsweise Anwendungen, Shortcuts, Umgebungsvariablen, Registrierung und Betriebsumgebung.
`WSHController`	Ermöglicht die Ausführung von WSH-Skripten auf entfernten Computern.

Active-Directory-Befehlsumwandlungen

Tabelle 54: AD-Befehle in PowerShell-Befehle ändern, Teil 1

CMD	Switch	Cmdlet	Module	Version
DCPROMO	none	Install-ADDSForest Install-ADDSDomain Install-ADDSDomainController Uninstall-ADDSDomainController	ADDS-Deployment	2012

Tabelle 55: AD-Befehle in PowerShell-Befehle ändern, Teil 2

CMD	Switch	Cmdlet	Module	Version
CSVDE	none	Get-Object | Export-CSV	Active-Directory	2008R2
CSVDE	i	Import-CSV | New-ADObject	Active-Directory	2008R2

Tabelle 56: AD-Befehle in PowerShell-Befehle ändern, Teil 3

CMD	Switch	PowerShell-Cmdlet	Module	Version
DSGET	compu-ter	Get-ADComputer	Active-Directory	2008 R2
DSGET	contact	Get-ADObject -LDAPFilter '(objectClass=contact)'	Active-Directory	2008 R2
DSGET	subnet	Get-ADReplicationSubnet	Active-Directory	2012
DSGET	group	Get-ADGroup	Active-Directory	2008 R2
DSGET	ou	Get-ADOrganizationalUnit	Active-Directory	2008 R2
DSGET	site	Get-ADReplicationSite	Active-Directory	2012
DSGET	server	Get-ADDomainController	Active-Directory	2008 R2
DSGET	user	Get-ADUser	Active-Directory	2008 R2

Tabelle 56: AD-Befehle in PowerShell-Befehle ändern, Teil 3 (Fortsetzung)

CMD	Switch	PowerShell-Cmdlet	Module	Version
DSGET	quota	Get-ADObject -SearchBase (Get-ADDomain).QuotasContainer -Filter *	ActiveDirectory	2008 R2
DSGET	partition	Get-ADObject -SearchBase (Get-ADForest).PartitionsContainer -LDAPFilter '(objectClass=crossRef)'	ActiveDirectory	2008 R2

Tabelle 57: AD-Befehle in PowerShell-Befehle ändern, Teil 4

CMD	Switch	PowerShell-Cmdlet	Module	Version
DSQUERY	computer	Get-ADComputer Search-ADAccount	ActiveDirectory	2008 R2
DSQUERY	contact	Get-ADObject -LDAPFilter '(objectClass=contact)'	ActiveDirectory	2008 R2
DSQUERY	subnet	Get-ADReplicationSubnet	ActiveDirectory	2012
DSQUERY	group	Get-ADGroup	ActiveDirectory	2008 R2
DSQUERY	ou	Get-ADOrganizationalUnit	ActiveDirectory	2008 R2
DSQUERY	site	Get-ADReplicationSite	ActiveDirectory	2012
DSQUERY	server	Get-ADDomainController	ActiveDirectory	2008 R2
DSQUERY	user	Get-ADUser Search-ADAccount	ActiveDirectory	2008 R2
DSQUERY	quota	Get-ADObject -SearchBase (Get-ADDomain).QuotasContainer -Filter *	ActiveDirectory	2008 R2
DSQUERY	partition	Get-ADObject -SearchBase (Get-ADForest).PartitionsContainer -LDAPFilter '(objectClass=crossRef)'	ActiveDirectory	2008 R2
DSQUERY	*	Get-ADObject	ActiveDirectory	2008 R2

Tabelle 58: AD-Befehle in PowerShell-Befehle ändern, Teil 5

CMD	Switch	PowerShell-Cmdlet	Module	Version
DSADD	compu-ter	New-ADComputer	Active-Directory	2008 R2
DSADD	contact	New-ADObject -Type contact	Active-Directory	2008 R2
DSADD	group	New-ADGroup	Active-Directory	2008 R2
DSADD	ou	New-ADOrganizationalUnit	Active-Directory	2008 R2
DSADD	user	New-ADUser	Active-Directory	2008 R2
DSADD	quota			

Tabelle 59: AD-Befehle in PowerShell-Befehle ändern, Teil 6

CMD	Switch	PowerShell Cmdlet	Module	Version
DSMOVE		Move-ADObjectRename-ADObject	Active-Directory	2008 R2

Tabelle 60: AD-Befehle in PowerShell-Befehle ändern, Teil 7

CMD	Switch	PowerShell-Cmdlet	Module	Version
DSMOD	compu-ter	Set-ADComputer	Active-Directory	2008 R2
DSMOD	contact	Set-ADObject	Active-Directory	2008 R2
DSMOD	group	Set-ADGroup	Active-Directory	2008 R2
DSMOD	ou	Set-ADOrganizationalUnit	Active-Directory	2008 R2
DSMOD	server	Set-ADObject	Active-Directory	2008 R2
DSMOD	user	Set-ADUser	Active-Directory	2008 R2
DSMOD	quota	Set-ADObject	Active-Directory	2008 R2
DSMOD	parti-tion	Set-ADObject	Active-Directory	2008 R2

Tabelle 61: AD-Befehle in PowerShell-Befehle ändern, Teil 8

CMD	Switch	PowerShell Cmdlet	Module	Version
DSRM		Remove-ADComputer Remove-ADGroup Remove-ADGroupMember Remove-ADUser Remove-ADOrganizationalUnit Remove-ADObject	Active-Directory	2008 R2

Tabelle 62: AD-Befehle in PowerShell-Befehle ändern, Teil 9

CMD	Switch	PowerShell-Cmdlet	Module	Version
DSACLS		Get-ACL Set-ACL	Microsoft. PowerShell. Security	2008 R2

Tabelle 63: AD-Befehle in PowerShell-Befehle ändern, Teil 10

CMD	Switch	PowerShell-Cmdlet	Module	Version
REPADMIN	/FailCache	Get-ADReplicationFailure	Active-Directory	2012
REPADMIN	/Queue	Get-ADReplicationQueueOperation	Active-Directory	2012
REPADMIN	/ReplSingle-Obj	Sync-ADObject	Active-Directory	2012
REPADMIN	/ShowConn	Get-ADReplicationConnection	Active-Directory	2012
REPADMIN	/Show-ObjMeta	Get-ADReplicationAttribute-Metadata	Active-Directory	2012
REPADMIN	/Repl-Summary	Get-ADReplicationPartner-Metadata	Active-Directory	2012
REPADMIN	/Show-UTDVec	Get-ADReplicationUpToDateness-VectorTable	Active-Directory	2012
REPADMIN	/SiteOptions	Set-ADReplicationSite	Active-Directory	2012
REPADMIN	/ShowAttr	Get-ADObject	Active-Directory	2008 R2
REPADMIN	/SetAttr	Set-ADObject	Active-Directory	2008 R2

Tabelle 63: AD-Befehle in PowerShell-Befehle ändern, Teil 10 (Fortsetzung)

CMD	Switch	PowerShell-Cmdlet	Module	Version
REPADMIN	/PRP	Get-ADDomainControllerPassword-ReplicationPolicy Add-ADDomainController-PasswordReplicationPolicy Remove-ADDomainController-PasswordReplicationPolicy Get-ADAccountResultan-tPasswordReplicationPolicy Get-ADDomainController-PasswordReplicationPolicyUsage	Active-Directory	2008 R2

Tabelle 64: AD-Befehle in PowerShell-Befehle ändern, Teil 11

CMD	Switch	PowerShell-Cmdlet	Module	Version
NLTEST	SC_RESET	Test-ComputerSecureChannel -Repair	Microsoft. PowerShell. Manage-ment	2012
NLTEST	SC_VERIFY	Test-ComputerSecureChannel	Microsoft. PowerShell. Manage-ment	2012
NLTEST	SC_CHANGE_PWD	Reset-ComputerMachinePassword	Microsoft. PowerShell. Manage-ment	2012
NLTEST	DCLIST	Get-ADDomainController	Active-Directory	2008 R2
NLTEST	DCNAME	Get-ADDomain | Select-Object PDCEmulator	Active-Directory	2008 R2
NLTEST	DSGETDC	Get-ADDomainController	Active-Directory	2008 R2
NLTEST	PARENTDO-MAIN	(Get-WMIObject Win32_ComputerSystem).Domain		
NLTEST	DOMAIN_TRUSTS	Get-ADTrust	Active-Directory	2012

Tabelle 64: AD-Befehle in PowerShell-Befehle ändern, Teil 11 (Fortsetzung)

CMD	Switch	PowerShell-Cmdlet	Module	Version
NLTEST	SHUTDOWN	Stop-Computer	Microsoft. PowerShell. Management	2008 R2

Tabelle 65: AD-Befehle in PowerShell-Befehle ändern, Teil 12

CMD	Switch	PowerShell-Cmdlet	Module	Version
NETDOM	ADD	Add-Computer	Microsoft. PowerShell. Management	2012
NETDOM	COMPUTERNAME	Rename-Computer	Microsoft. PowerShell. Management	2012
NETDOM	JOIN	Add-Computer	Microsoft. PowerShell. Management	2012
NETDOM	MOVE	Add-Computer	Microsoft. PowerShell. Management	2012
NETDOM	RESETPWD	Reset-ComputerMachinePassword	Microsoft. PowerShell. Management	2012
NETDOM	REMOVE	Remove-Computer	Microsoft. PowerShell. Management	2012
NETDOM	RENAMECOMPUTER	Rename-Computer	Microsoft. PowerShell. Management	2012
NETDOM	RESET	Test-ComputerSecureChannel -Repair	Microsoft. PowerShell. Management	2012

Tabelle 65: AD-Befehle in PowerShell-Befehle ändern, Teil 12 (Fortsetzung)

CMD	Switch	PowerShell-Cmdlet	Module	Version
NETDOM	VERIFY	Test-ComputerSecureChannel	Microsoft. PowerShell. Management	2012
NETDOM	QUERY WORKSTATION	Get-ADComputer -Filter "operatingSystem -notlike '*server*	'"Active-Directory	2008 R2
NETDOM	QUERY SERVER	Get-ADComputer -Filter "operatingSystem -like '*server*	'"Active-Directory	2008 R2
NETDOM	QUERY DC	Get-ADDomainController	Active-Directory	2008 R2
NETDOM	QUERY OU	Get-ADOrganizationalUnit	Active-Directory	2008 R2
NETDOM	QUERY PDC	Get-ADDomain | Select-Object PDCEmulator	Active-Directory	2008 R2
NETDOM	QUERY FSMO	Get-ADForest | Select-Object DomainNamingMaster, SchemaMaster Get-ADDomain | Select-Object InfrastructureMaster, PDCEmulator, RIDMaster	Active-Directory	2008 R2
NETDOM	QUERY TRUST	Get-ADTrust	ActiveDirectory	2012

Tabelle 66 AD-Befehle in PowerShell-Befehle ändern, Teil 13:

CMD	Switch	PowerShell-Cmdlet	Module	Version
GPUPDATE		Invoke-GPUpdate	GroupPolicy	2012
GPRESULT		Get-GPResultantSetOfPolicy	GroupPolicy	2008 R2

.NET-String-Formatierung

Das .NET Framework bietet umfangreiche Funktionen zur Formatierung von Zeichenketten. In den folgenden Abschnitten erfahren Sie, wie Sie numerische Zeichenketten und Darstellungen von Zeitangaben mit Datum und Uhrzeit mit sogenannten *Format-Strings* individuell an Ihre Bedürfnisse anpassen können.

String-Formatierungssyntax

Der Format-String, der vom Format-Operator (-f) unterstützt wird, ist eine Zeichenkette, die Formatelemente enthält. Jedes Formatelement nimmt die folgende Form an:

```
{Index[,Ausrichtung][:formatString]}
```

<Index> steht für einen von null ausgehenden Index des Elements im Objekt-Array, das dem Formatoperator folgt.

<Ausrichtung> ist optional und steht für die Ausrichtung des Elements. Eine positive Zahl richtet das Element auf der rechten Seite eines Felds mit der angegebenen Größe aus. Eine negative Zahl richtet das Element auf der linken Seite eines Felds mit der angegebenen Größe aus.

<formatString> ist optional und formatiert das Element mithilfe der angegebenen Format-String-Syntax dieses Typs (so wie es im Folgenden aufgeführt wird).

Beachten Sie bei den folgenden Beispielen, dass die PowerShell die Umsetzung der Tausendertrennzeichen und der Dezimalstelle den regionalen Einstellungen automatisch anpasst.

Numerische Standard-Format-Strings

Allen Formatierungsbezeichnern kann eine Zahl zwischen 0 und 99 folgen, um die Genauigkeit der Formatierung zu steuern.

Tabelle 67: Numerische Standard-Format-Strings

Formatierungs bezeichner	Name	Beschreibung

`C` oder `c`	Währung	Ein Währungsbetrag.
		`PS >"{0:C}" -f 1.23`
		`1,23 ?`

`D` oder `d`	Dezimal	Ein Dezimalbetrag (für ganzzahlige Typen). Der Genauigkeitsbezeichner steuert die minimale Anzahl der Stellen im Ergebnis.
		`PS >"{0:D4}" -f 2`
		`0002`

Tabelle 67: Numerische Standard-Format-Strings (Fortsetzung)

Formatierungs bezeichner	Name	Beschreibung

`E` oder `e`	Exponential	Wissenschaftliche (exponentiale) Notation. Der Genauigkeitsbezeichner steuert die Anzahl der Stellen nach dem Komma.
		`PS >"{0:E3}" -f [Math]::Pi`
		`3,142E+000`

`F` oder `f`	Festkomma	Festkomma-Notation. Der Genauigkeitsbezeichner steuert die Anzahl der Stellen nach dem Komma.
		`PS >"{0:F3}" -f [Math]::Pi`
		`3,142`

`G` oder `g`	Allgemein	Die kompakteste Darstellung (zwischen Festkomma und Exponential) der Zahl. Der Genauigkeitsbezeichner steuert die Anzahl der wesentlichen Stellen.
		`PS >"{0:G3}" -f [Math]::Pi`
		`3,14`
		`PS >"{0:G3}" -f 1mb`
		`1,05E+06`

`N` oder `n`	Zahl	Die menschenlesbare Form der Zahl, die Trennzeichen zwischen den Zahlengruppen enthält. Der Genauigkeitsbezeichner steuert die Anzahl der Stellen nach dem Komma.
		`PS >"{0:N4}" -f 1mb`
		`1.048.576,0000`

`P` oder `p`	Prozent	Die Zahl (normalerweise zwischen 0 und 1) repräsentiert einen Prozentsatz. Der Genauigkeitsbezeichner steuert die Anzahl der Stellen nach dem Komma.
		`PS >"{0:P4}" -f 0.67`
		`67,0000 %`

`R` oder `r`	Round-trip	Die Single- oder Double-Zahl wird mit einer Genauigkeit formatiert, die garantiert, dass die Zeichenkette (wenn sie durchsucht wird) wieder die ursprüngliche Zahl ergibt.
		`PS >"{0:R}" -f (1mb/2.0)`
		`524288`
		`PS >"{0:R}" -f (1mb/9.0)`
		`116508,44444444444`

`X` oder `x`	Hexadezimal	Eine Zahl, die in eine Zeichenkette mit hexadezimalen Zahlen konvertiert wurde. Der Bezeichner steuert die daraus resultierenden hexadezimalen Stellen. Die Groß- und Kleinschreibung des Bezeichners steuert auch die Groß- und Kleinschreibung der sich daraus ergebenden hexadezimalen Stellen. Der Genauigkeitsbezeichner steuert die minimale Anzahl der Stellen in der entstehenden Zeichenkette.
		`PS >"{0:X4}" -f 1324`
		`052C`

Angepasste numerische Format-Strings

Sie können auch individuell angepasste numerische Zeichenketten einsetzen, um Zahlen auf eine Art und Weise zu formatieren, die nicht von den Standardformat-Strings unterstützt wird.

Tabelle 68: Angepasste numerische Format-Strings

Formatierungs bezeichner	Name	Beschreibung

0	Null-Platzhalter	Gibt Genauigkeit und Länge eines Zahlen-Strings an. Nullen, die nicht mit Stellen in der Originalzahl übereinstimmen, werden als Nullen ausgegeben.
		`PS >"{0:00.0}" -f 4.12341234`
		`04,1`

#	Zahlen-Platzhalter	Gibt Genauigkeit und Länge eines Zahlen-Strings an. #-Symbole, die nicht mit Stellen der Eingabezahl übereinstimmen, werden nicht ausgegeben.
		`PS >"{0:##.#}" -f 4.12341234`
		`4,1`

.	Kommastelle	Legt fest, wo die Kommastelle gesetzt wird.
		`PS >"{0:##.#}" -f 4.12341234`
		`4,1`

,	Tausenderzeichen	Wenn er in einer Formatierungszeichenkette zwischen einen Null- oder Zahlen-Platzhalter vor der Kommastelle gesetzt wird, wird das Trennzeichen zwischen den Zahlengruppen hinzugefügt.
		`PS >"{0:#,#.#}" -f 1234.121234`
		`1.234,1`

,	Zahlenskalierung	Wenn er vor einer literalen (oder impliziten) Kommastelle gesetzt wird, wird die Eingabe durch 1000 geteilt. Sie können diesen Formatierungsbezeichner mehrmals verwenden.
		`PS >"{0:##,,.000}" -f 1048576`
		`1,049`

Tabelle 68: Angepasste numerische Format-Strings (Fortsetzung)

Formatierungsbezeichner	Name	Beschreibung

`%`	Prozent-Platzhalter	Multipliziert die Eingabe mit 100 und fügt das Prozentzeichen dort ein, wo es im Formatierungsbezeichner vorkommt.
		`PS >"{0:%##.000}" -f .68`
		`%68,000`

`E0`
`E+0`
`E-0`
`e0`
`e+0`
`e-0`
	Exponential-Notation	Zeigt die Eingabe in Exponentialschreibweise an. Die Anzahl der Nullen, die dem E folgen, legt die minimale Länge des Exponentialfelds fest.
		`PS >"{0:##.#E000}" -f 2.71828`
		`27,2E-001`

`'Text'`
`"Text"`
	Literaler String	Fügt den angegebenen Text literal in die Ausgabe ein, ohne Auswirkungen auf die Formatierung.
		`PS >"{0:#.00'##'}" -f 2.71828`
		`2,72##`

`;`	Abschnittstrenner	Ermöglicht eine bedingte Formatierung.
		Wenn Ihr Formatierungsbezeichner keine Abschnittstrennzeichen enthält, gilt die Formatierungsanweisung für die gesamte Eingabe.
		Wenn Ihr Formatierungsbezeichner ein Trennzeichen enthält (und damit zwei Abschnitte einrichtet), gilt der erste Abschnitt für positive Zahlen und die Null. Der zweite Abschnitt gilt für negative Zahlen.
		Wenn Ihr Formatierungsbezeichner zwei Trennzeichen enthält (und damit drei Abschnitte einrichtet), gelten die Abschnitte für positive Zahlen, negative Zahlen und die Null.
		`PS >"{0:POS;NEG;NULL}" -f -14`
		`NEG`

Weitere	Weitere Zeichen	Fügt den angegebenen Text literal in die Eingabe ein, ohne die Formatierung zu beeinflussen.
		`PS >"{0:## EUR Bitte}" -f 14`
		`14 EUR Bitte`

Standard-Format-Strings für DateTime

Konvertiert ein DateTime-Objekt in eines von mehreren Standardformaten.

Tabelle 69: Standard-Format-Strings für DateTime

Formatierungsbezeichner	Name	Beschreibung

d	Kurzes Datum	Das kurze Datumsformat aus den regionalen Einstellungen.
		`PS >"{0:d}" -f [DateTime] "01/23/4567"`
		`23.01.4567`

D	Langes Datum	Das lange Datumsformat aus den regionalen Einstellungen.
		`PS >"{0:D}" -f [DateTime] "01/23/4567"`
		`Freitag, 23. Januar 4567`

f	Vollständiges Datum/kurze Uhrzeit	Kombiniert die Formatmuster langes Datum und kurze Uhrzeit.
		`PS >"{0:f}" -f [DateTime] "01/23/4567"`
		`Freitag, 23. Januar 4567 00:00`

F	Vollständiges Datum/lange Uhrzeit	Kombiniert die Formatmuster langes Datum und lange Uhrzeit.
		`PS >"{0:F}" -f [DateTime] "01/23/4567"`
		`Freitag, 23. Januar 4567 00:00:00`

g	Allgemeines Datum / kurze Uhrzeit	Kombiniert die Formatmuster kurzes Datum und kurze Uhrzeit. `PS >"{0:g}" -f [DateTime] "01/23/4567" 23.01.4567 00:00`

G	Allgemeines Datum/lange Uhrzeit	Kombiniert die Formatmuster kurzes Datum und lange Uhrzeit.
		`PS >"{0:G}" -f [DateTime] "01/23/4567"`
		`23.01.4567 00:00:00`

Tabelle 69: Standard-Format-Strings für DateTime (Fortsetzung)

Formatierungsbezeichner	Name	Beschreibung

`M oder m`	Monatstag	Das Format für den Monatstag.
		`PS >"{0:M}" -f [DateTime] "01/23/4567"`
		`23 Januar`

`o`	Round-trip Datum/Zeit	Das Datum wird mit einem Muster formatiert, das sicherstellt, dass die Zeichenkette (wenn sie durchsucht wird) wieder im ursprünglichen `DateTime` vorliegt.
		`PS >"{0:o}" -f [DateTime] "01/23/4567"`
		`4567-01-23T00:00:00.0000000`

`R oder r`	RFC1123	Das RFC1123-Standard-Formatmuster.
		`PS >"{0:R}" -f [DateTime] "01/23/4567"`
		`Fri, 23 Jan 4567 00:00:00 GMT`

`s`	Sortierbar	Sortierbares Formatmuster. Entspricht ISO 8601 und bietet ein Format, das gut durchsucht werden kann.
		`PS >"{0:s}" -f [DateTime] "01/23/4567"`
		`4567-01-23T00:00:00`

`t`	Kurze Uhrzeit	Das kurze Zeitformat gemäß den Ländereinstellungen.
		`PS >"{0:t}" -f [DateTime] "01/23/4567"`
		`00:00`

`T`	Lange Uhrzeit	Das lange Zeitformat gemäß den Ländereinstellungen.
		`PS >"{0:T}" -f [DateTime] "01/23/4567"`
		`00:00:00`

`u`	Universale Sortierbarkeit	Das `UniversalSortableDateTime`-Format gemäß den Ländereinstellungen, das auf die UTC-Entsprechung der Eingabe angewandt wird.
		`PS >"{0:u}" -f [DateTime] "01/23/4567"`
		`4567-01-23 00:00:00Z`

`U`	Universale Sortierbarkeit	Das `FullDateTime`-Format gemäß den Ländereinstellungen wird auf die UTC-Entsprechung der Eingabe angewandt.
		`PS >"{0:U}" -f [DateTime] "01/23/4567"`
		`Donnerstag, 22. Januar 4567 23:00:00`

Tabelle 69: Standard-Format-Strings für DateTime (Fortsetzung)

Formatierungs bezeichner	Name	Beschreibung

Y oder y	Jahr und Monat	Das Jahr-Monat-Format entsprechend den Ländereinstellungen.
		`PS >"{0:Y}" -f [DateTime] "01/23/4567"`
		`Januar 4567`

Angepasste DateTime-Format-Strings

Sie können individuell angepasste DateTime-Format-Strings einsetzen, um damit Datumsangaben so zu formatieren, wie das mit den Standard-Format-Strings nicht möglich ist. Anmerkung: Formatierungsbezeichner mit einem Zeichen werden als DateTime-Standard-Format-String interpretiert, wenn sie nicht zusammen mit anderen Formatierungsbezeichnern verwendet werden.

Tabelle 70: Angepasste DateTime-Format-Strings

Formatierungsb ezeichner	Beschreibung	Beispiel
d	Monatstag als Zahl zwischen 1 und 31. Stellt Tage mit einstelliger Ziffer ohne führende Null dar.	`PS >"{0:d dd ddd dddd}" -f [DateTime] "01/02/4567"` `2 02 Fr Freitag`
dd	Monatstag als Zahl zwischen 01 und 31. Stellt Tage mit einstelliger Ziffer mit führender Null dar.	`PS >"{0:d dd ddd dddd}" -f [DateTime] "01/02/4567"` `2 02 Fr Freitag`
ddd	Abgekürzter Name des Wochentags	`PS >"{0:d dd ddd dddd}" -f [DateTime] "01/02/4567"` `2 02 Fr Freitag`
dddd	Vollständiger Name des Wochentags	`PS >"{0:d dd ddd dddd}" -f [DateTime] "01/02/4567"` `2 02 Fr Freitag`
f	Die wichtigste Ziffer aus dem Sekundenbereich	`PS >"{0:f ff fff ffff}" -f [DateTime] "01/02/4567"` `0 00 000 0000`

Tabelle 70: Angepasste DateTime-Format-Strings (Fortsetzung)

Formatierungsbezeichner	Beschreibung	Beispiel
`ff`	Die zwei wichtigsten Ziffern aus dem Sekundenbereich	`PS >"{0:f ff fff ffff}" -f [DateTime] "01/02/4567"` `0 00 000 0000`
`fff`	Die drei wichtigsten Ziffern aus dem Sekundenbereich	`PS >"{0:f ff fff ffff}" -f [DateTime] "01/02/4567"` `0 00 000 0000`
`ffff`	Die vier wichtigsten Ziffern aus dem Sekundenbereich	`PS >"{0:f ff fff ffff}" -f [DateTime] "01/02/4567"` `0 00 000 0000`
`fffff`	Die fünf wichtigsten Ziffern aus dem Sekundenbereich	`PS >"{0:fffff ffffff fffffff}" -f [DateTime] "01/02/4567"` `00000 000000 0000000`
`ffffff`	Die sechs wichtigsten Ziffern aus dem Sekundenbereich	`PS >"{0:fffff ffffff fffffff}" -f [DateTime] "01/02/4567"` `00000 000000 0000000`
`fffffff`	Die sieben wichtigsten Ziffern aus dem Sekundenbereich	`PS >"{0:fffff ffffff fffffff}" -f [DateTime] "01/02/4567"` `00000 000000 0000000`

`F`	Die wichtigste Ziffer aus dem Sekundenabschnitt. Zeigt nichts an, wenn die Zahl null ist.	`PS >"{0:F FF FFF FFFF}" -f [DateTime]::Now`
		`6 66 669 6696`
		
		`PS >"{0:|F FF FFF FFFF|}" -f [DateTime] "01/02/4567"`
		`|    |`

`FF`	Die zwei wichtigsten Zeichen aus dem Sekundenabschnitt. Zeigt nichts an, wenn die Zahl null ist.	`PS >"{0:F FF FFF FFFF}" -f [DateTime]::Now`
		`6 66 669 6696`
		
		`PS >"{0:|F FF FFF FFFF|}" -f [DateTime] "01/02/4567"`
		`|    |`

Tabelle 70: Angepasste DateTime-Format-Strings (Fortsetzung)

Formatierungsb ezeichner	Beschreibung	Beispiel

`FFF`	Die drei wichtigsten Zeichen aus dem Sekundenabschnitt. Zeigt nichts an, wenn die Zahl null ist.	`PS >"{0:F FF FFF FFFF}" -f [DateTime]::Now`
		`6 66 669 6696`
		
		`PS >"{0:|F FF FFF FFFF|}" -f [DateTime] "01/02/4567"`
		`| |`

`FFFF`	Die vier wichtigsten Zeichen aus dem Sekundenabschnitt. Zeigt nichts an, wenn die Zahl null ist.	`PS >"{0:F FF FFF FFFF}" -f [DateTime]::Now`
		`6 66 669 6696`
		
		`PS >"{0:|F FF FFF FFFF|}" -f [DateTime] "01/02/4567"`
		`| |`

`FFFFF`	Die fünf wichtigsten Zeichen aus dem Sekundenabschnitt. Zeigt nichts an, wenn die Zahl null ist.	`PS >"{0:FFFFF FFFFFF FFFFFFF}" -f [DateTime]::Now`
		`1071 107106 1071068`
		
		`PS >"{0:|FFFFF FFFFFF FFFFFFF|}" -f [DateTime] "01/02/4567"`
		`| |`

`FFFFFF`	Die sechs wichtigsten Zeichen aus dem Sekundenabschnitt. Zeigt nichts an, wenn die Zahl null ist.	`PS >"{0:FFFFF FFFFFF FFFFFFF}" -f [DateTime]::Now`
		`1071 107106 1071068`
		
		`PS >"{0:|FFFFF FFFFFF FFFFFFF|}" -f [DateTime] "01/02/4567"`
		`| |`

`FFFFFFF`	Die sieben wichtigsten Zeichen aus dem Sekundenabschnitt. Zeigt nichts an, wenn die Zahl null ist.	`PS >"{0:FFFFF FFFFFF FFFFFFF}" -f [DateTime]::Now`
		`1071 107106 1071068`
		
		`PS >"{0:|FFFFF FFFFFF FFFFFFF|}" -f [DateTime] "01/02/4567"`
		`| |`

Tabelle 70: Angepasste DateTime-Format-Strings (Fortsetzung)

Formatierungsbezeichner	Beschreibung	Beispiel
g oder gg	Ära (also n. Chr.).	`PS >"{0:gg}" -f [DateTime] "01/02/4567"` `n. Chr.`
h	Die Stunden als Zahl zwischen 1 und 12. Einstellige Zahlen erhalten keine führende Null.	`PS >"{0:%h}" -f [DateTime] "01/02/4567 4:00pm"` `4`
hh	Die Stunden als Zahl zwischen 01 and 12. Einstellige Zahlen erhalten eine führende Null. Anmerkung: Dies wird als `DateTime`-Standard-Format-String interpretiert, wenn es nicht zusammen mit einem anderen Formatierungsbezeichner verwendet wird.	`PS >"{0:hh}" -f [DateTime] "01/02/4567 4:00pm"` `04`
H	Die Stunden als Zahl zwischen 0 und 23. Einstellige Ziffern erhalten keine führende Null.	`PS >"{0:%H}" -f [DateTime] "01/02/4567 4:00pm"` `16`
HH	Die Stunden als Zahl zwischen 00 und 23. Einstellige Zahlen erhalten eine führende Null.	`PS >"{0:HH}" -f [DateTime] "01/02/4567 4:00am"` `04`
K	`DateTime.Kind`-Bezeichner, der der Art des Eingabedatums (Local, UTC oder Unspecified) entspricht.	`PS >"{0: K}" -f [DateTime]::Now.ToUniversalTime()` `Z`
m	Die Minute als Zahl zwischen 0 und 59. Einstellige Zahlen erhalten keine führende Null.	`PS >"{0: m}" -f [DateTime]::Now` `7`
mm	Die Minute als Zahl zwischen 00 und 59. Einstellige Zahlen erhalten eine führende Null.	`PS >"{0:mm}" -f [DateTime]::Now` `08`
M	Der Monat als Zahl zwischen 1 und 12. Einstellige Zahlen erhalten keine führende Null.	`PS >"{0:M MM MMM MMMM}" -f [DateTime] "01/02/4567"` `1 01 Jan Januar`

Tabelle 70: Angepasste DateTime-Format-Strings (Fortsetzung)

Formatierungsb ezeichner	Beschreibung	Beispiel
`MM`	Der Monat als Zahl zwischen 01 und 12. Einstellige Zahlen erhalten eine führende Null.	`PS >"{0:M MM MMM MMMM}" -f [DateTime] "01/02/4567"` `1 01 Jan Januar`
`MMM`	Der abgekürzte Monatsname	`PS >"{0:M MM MMM MMMM}" -f [DateTime] "01/02/4567"` `1 01 Jan Januar`
`MMMM`	Der vollständige Monatsname	`PS >"{0:M MM MMM MMMM}" -f [DateTime] "01/02/4567"` `1 01 Jan Januar`
`s`	Die Sekunden als Zahl zwischen 0 und 59. Einstellige Zahlen erhalten keine führende Null.	`PS > "{0:s ss}" -f [DateTime]::Now` `3 03`
`ss`	Die Sekunden als Zahl zwischen 00 und 59. Einstellige Zahlen erhalten eine führende Null.	`PS > "{0:s ss}" -f [DateTime]::Now` `3 03`
`t`	Das erste Zeichen der A.M./P.M.-Tageszeitzuweisung. (Muss über die Regions- und Sprachoptionen in der Systemsteuerung konfiguriert werden.)	`PS > "{0:t tt}" -f [DateTime]::Now` `A AM`
`tt`	A.M./P.M.-Tageszeitzuweisung. (Muss über die Regions- und Sprachoptionen in der Systemsteuerung konfiguriert werden.)	`PS > "{0:t tt}" -f [DateTime]::Now` `A AM`
`y`	Das Jahr in (maximal) zwei Stellen	`PS >"{0:y yy yyy yyyy yyyyy}" -f [DateTime] "01/02/4567"` `67 67 4567 4567 04567`
`yyy`	Das Jahr in (maximal) drei Stellen	`PS >"{0:y yy yyy yyyy yyyyy}" -f [DateTime] "01/02/4567"` `67 67 4567 4567 04567`

Tabelle 70: Angepasste DateTime-Format-Strings (Fortsetzung)

Formatierungsbezeichner	Beschreibung	Beispiel
`yyyy`	Das Jahr in (maximal) vier Stellen	`PS >"{0:y yy yyy yyyy yyyyy}" -f [DateTime] "01/02/4567"` `67 67 4567 4567 04567`
`yyyyy`	Das Jahr in (maximal) fünf Stellen	`PS >"{0:y yy yyy yyyy yyyyy}" -f [DateTime] "01/02/4567"` `67 67 4567 4567 04567`
`z`	Mit Vorzeichen versehene Zeitzonenverschiebung zu GMT. Enthält keine führende Null.	`PS >"{0:z zz zzz}" -f [DateTime]::Now` `+1 +01 +01:00`
`zz`	Mit Vorzeichen versehene Zeitzonenverschiebung zu GMT. Enthält eine führende Null.	`PS >"{0:z zz zzz}" -f [DateTime]::Now` `+1 +01 +01:00`
`zzz`	Mit Vorzeichen versehene Zeitzonenverschiebung zu GMT, gemessen in Stunden und Minuten.	`PS >"{0:z zz zzz}" -f [DateTime]::Now` `+1 +01 +01:00`
`:`	Trennzeichen für die Zeitangabe.	`PS > "{0:y/m/d h:m:s}" -f [DateTime] "01/02/4567 4:00pm"` `67.0.2 4:0:0`
`/`	Datumstrennzeichen	`PS > "{0:y/m/d h:m:s}" -f [DateTime] "01/02/4567 4:00pm"` `67.0.2 4:0:0`
`"Text"` `'Text'`	Fügt den angegebenen Text literal in die Ausgabe ein, ohne die Formatierung zu beeinflussen.	`PS >"{0:'Tag: 'dddd}" -f [DateTime]::Now` `Tag: Freitag`
`%c`	Mit dieser Syntax können einzelnen Zeichen individuelle Formatierungsbezeichner zugewiesen werden. Das %-Zeichen erscheint nicht in der Ausgabe.	`PS >"{0:%h}" -f [DateTime] "01/02/4567 4:00pm"` `4`

Tabelle 70: Angepasste DateTime-Format-Strings (Fortsetzung)

Formatierungsbezeichner	Beschreibung	Beispiel
Weitere	Fügt den angegebenen Text literal in die Ausgabe ein, ohne die Formatierung zu beeinflussen.	`PS >"{0:dddd!}" -f [DateTime]::Now` `Freitag!`

Standardverben der PowerShell

Cmdlets und Skripten sollten der Verb-Substantiv-Syntax entsprechend benannt werden, zum Beispiel `Get-ChildItem`. Neben sehr wenigen Ausnahmen sollten die Cmdlets die Standardverben der PowerShell verwenden, keine Synonyme oder Konzepte, die auf den Standard abgebildet werden können. Dadurch verstehen die Administratoren eine Reihe von Cmdlets schneller, die ein neues Substantiv verwenden. Verben sollten in der Gegenwart stehen und Substantive in der Einzahl.

Häufig verwendete Standardverben

Tabelle 71: Häufig verwendete Standardverben der Windows PowerShell

Verb	Bedeutung	Synonyme
`Add`	Fügt eine Ressource an einen Container an oder ein Element an ein anderes Element.	Append, Attach, Concatenate, Insert
`Clear`	Entfernt alle Elemente aus einem Container.	Flush, Erase, Release, Unmark, Unset, Nullify
`Copy`	Kopiert eine Ressource in einen anderen Namen oder in einen anderen Container.	Duplicate, Clone, Replicate
`Get`	Holt Daten.	Read, Open, Cat, Type, Dir, Obtain, Dump, Acquire, Examine, Find, Search
`Lock`	Sperrt eine Ressource.	Restrict, Bar
`Move`	Verschiebt eine Ressource.	Transfer, Name, Migrate
`New`	Erstellt eine neue Ressource.	Create, Generate, Build, Make, Allocate

Tabelle 71: Häufig verwendete Standardverben der Windows PowerShell (Fortsetzung)

Verb	Bedeutung	Synonyme
`Remove`	Entfernt eine Ressource aus einem Container.	Delete, Kill
`Rename`	Gibt einer Ressource einen neuen Namen.	Ren, Swap
`Set`	Setzt Daten.	Write, Assign, Configure
`Unlock`	Entsperrt eine Ressource.	Free, Unrestrict

Standardverben für die Kommunikation

Tabelle 72: Standardverben für die Kommunikation

Verb	Bedeutung	Synonyme
`Connect`	Verbindet eine Quelle mit einem Ziel.	Join, Telnet
`Disconnect`	Löst die Verbindung von einer Quelle mit einem Ziel.	Break, Logoff
`Receive`	Holt sich Informationen von einer Quelle.	Read, Accept, Peek
`Send`	Schreibt Informationen auf ein Ziel.	Put, Broadcast, Mail

Standardverben für Daten

Tabelle 73: Standardverben für Daten

Verb	Bedeutung	Synonyme
`Backup`	Sichert Daten.	Save, Burn
`Checkpoint`	Erstellt einen Snapshot des aktuellen Zustands von Daten oder deren Konfiguration.	Diff, StartTransaction
`Compare`	Vergleicht eine Ressource mit einer anderen Ressource.	Diff, Bc
`Convert`	Ändert von einer Darstellung zu einer anderen, wenn das Cmdlet bidirektionale Konvertierung oder Konvertierung mehrerer Datentypen unterstützt.	Change, Resize, Resample

Tabelle 73: Standardverben für Daten (Fortsetzung)

Verb	Bedeutung	Synonyme
`ConvertFrom`	Konvertiert von einem primären Eingabeformat auf mehrere unterstützte Ausgabeformate.	Export, Output, Out
`ConvertTo`	Konvertiert von mehreren unterstützten Eingabeformaten in ein primäres Ausgabeformat.	Import, Input, In
`Import`	Macht aus einem Sicherungsspeicher oder aus einem Austauschformat eine primäre Ausgaberessource.	Load, Read
`Export`	Speichert die primäre Eingaberessource in einem Sicherungsspeicher oder in einem Austauschformat.	Extract, Backup
`Initialize`	Bereitet eine Ressource für den Einsatz vor und initialisiert sie in einem Standardzustand.	Setup, Renew, Rebuild
`Limit`	Wendet auf einer Ressource Constraints (Einschränkungen) an.	Quota, Enforce
`Merge`	Erstellt aus mehreren Datenbeständen eine einzigen Dateninstanz.	Combine, Join
`Restore`	Stellt eine Ressource aus einer Reihe von Bedingungen wieder her, die vordefiniert oder durch einen Checkpoint gesetzt wurden.	Repair, Return, Fix
`Update`	Aktualisiert eine Ressource oder lädt sie neu.	Refresh, Renew, Index

Standardverben für die Diagnose

Tabelle 74: Standardverben für die Diagnose

Verb	Bedeutung	Synonyme
`Debug`	Untersucht eine Ressource und ermittelt Betriebsprobleme.	Attach, Diagnose
`Measure`	Ermittelt Ressourcen, die von einer Operation verbraucht werden, oder holt Statistiken über eine Ressource.	Calculate, Determine, Analyze

Tabelle 74: Standardverben für die Diagnose (Fortsetzung)

Verb	Bedeutung	Synonyme
`Ping`	Stellt fest, ob eine Ressource aktiv ist und antwortet. In den meisten Instanzen sollte dieses Verb durch `Test` ersetzt werden.	Connect, Debug
`Resolve`	Bildet eine Kurzdarstellung auf einer vollständigen Darstellung ab.	Expand, Determine
`Test`	Überprüft die Gültigkeit oder Konsistenz einer Ressource.	Diagnose, Verify, Analyze
`Trace`	Folgt den Aktivitäten einer Ressource.	Inspect, Dig

Standardverben für den Lifecycle

Tabelle 75: Standardverben für den Lifecycle

Verb	Bedeutung	Synonyme
`Disable`	Konfiguriert ein Element so, dass es nicht zur Verfügung steht.	Halt, Hide
`Enable`	Konfiguriert ein Element so, dass es zur Verfügung steht.	Allow, Permit
`Install`	Legt eine Ressource am angegebenen Speicherort ab und initialisiert sie optional.	Setup, Configure
`Restart`	Stoppt eine Operation und startet sie erneut.	Recycle, Hup
`Resume`	Startet eine Operation, nachdem sie unterbrochen wurde.	Continue
`Start`	Startet eine Aktivität.	Launch, Initiate
`Stop`	Beendet eine Aktivität.	Halt, End, Discontinue
`Suspend`	Hält eine Operation an, bricht sie aber nicht ab.	Pause, Sleep, Break
`Uninstall`	Entfernt eine Ressource von einem angegebenen Speicherort.	Remove, Clear, Clean

Standardverben für Sicherheit

Tabelle 76: Standardverben für die Sicherheit

Verb	Bedeutung	Synonyme
`Block`	Beschränkt den Zugriff auf eine Ressource.	Prevent, Limit, Deny
`Grant`	Gewährt den Zugriff auf eine Ressource.	Allow, Enable
`Revoke`	Entfernt den Zugriff auf eine Ressource.	Remove, Disable
`Unblock`	Entfernt eine Zugriffsbeschränkung für eine Ressource.	Clear, Allow

Index

F

G